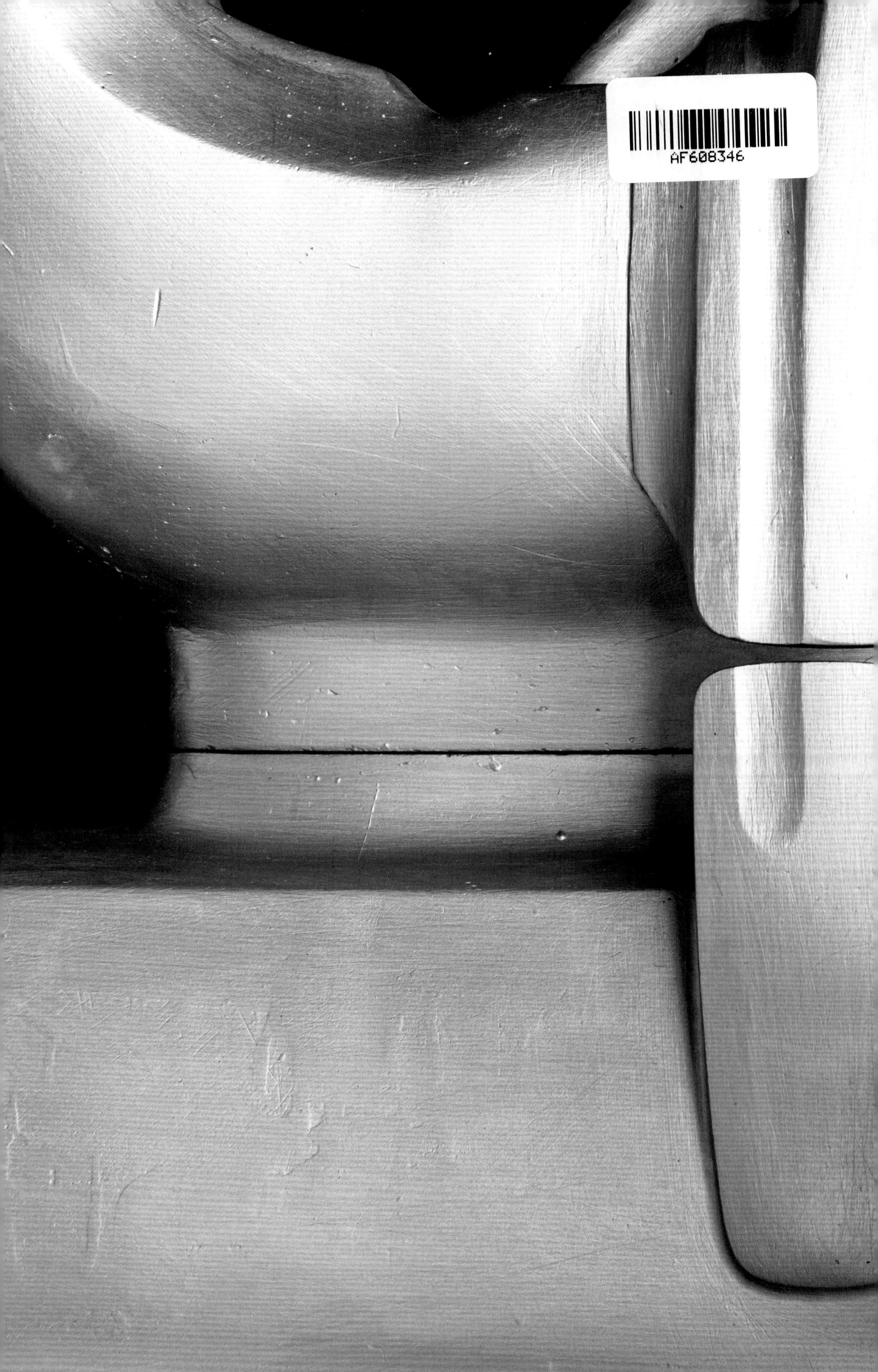

Bruno Gironcoli
Prototypen einer neuen Spezies
Prototypes for a New Species

Herausgegeben von / Edited by
Martina Weinhart

DISTANZ

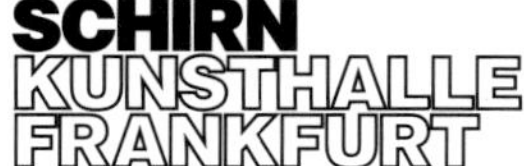

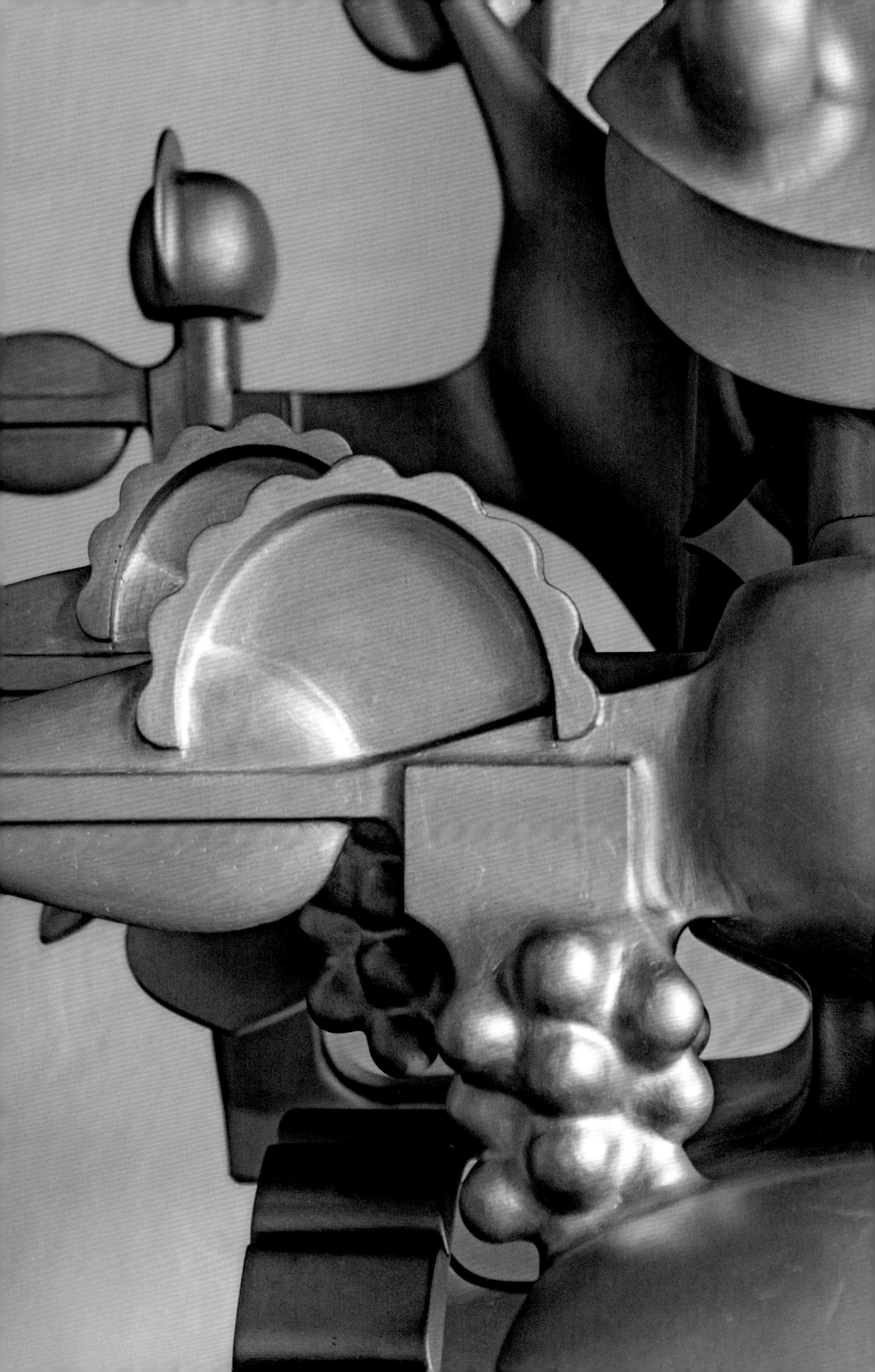

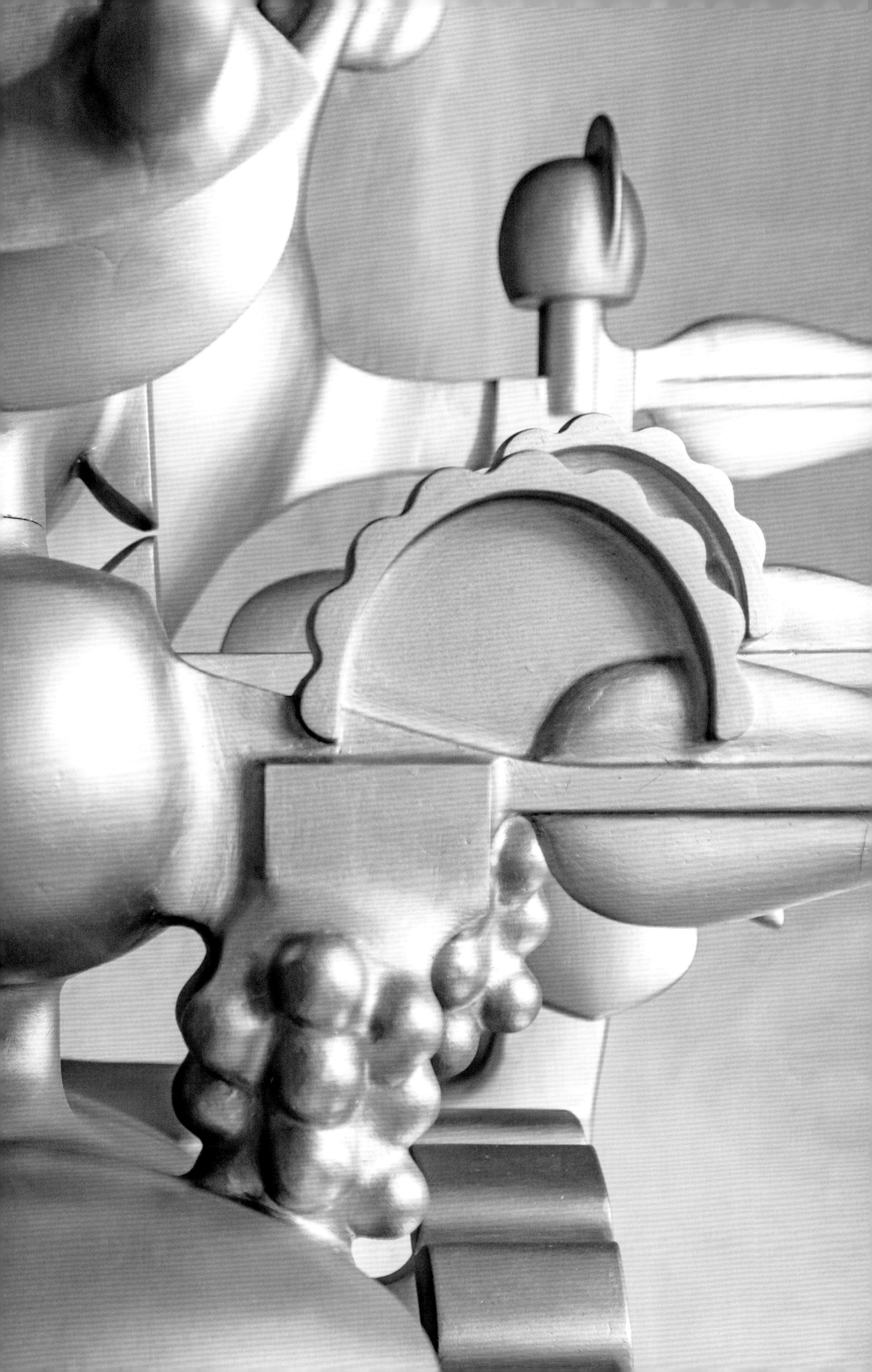

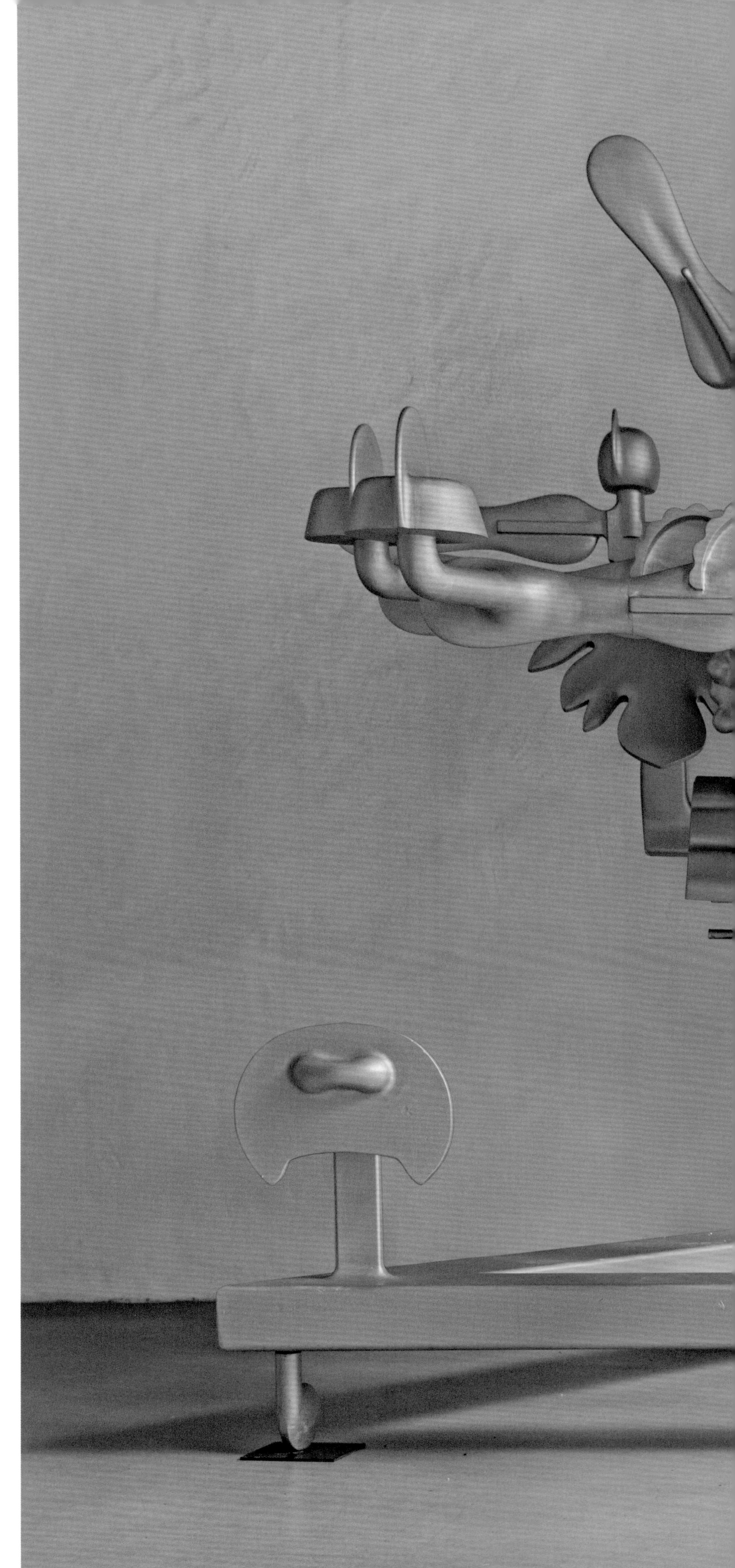

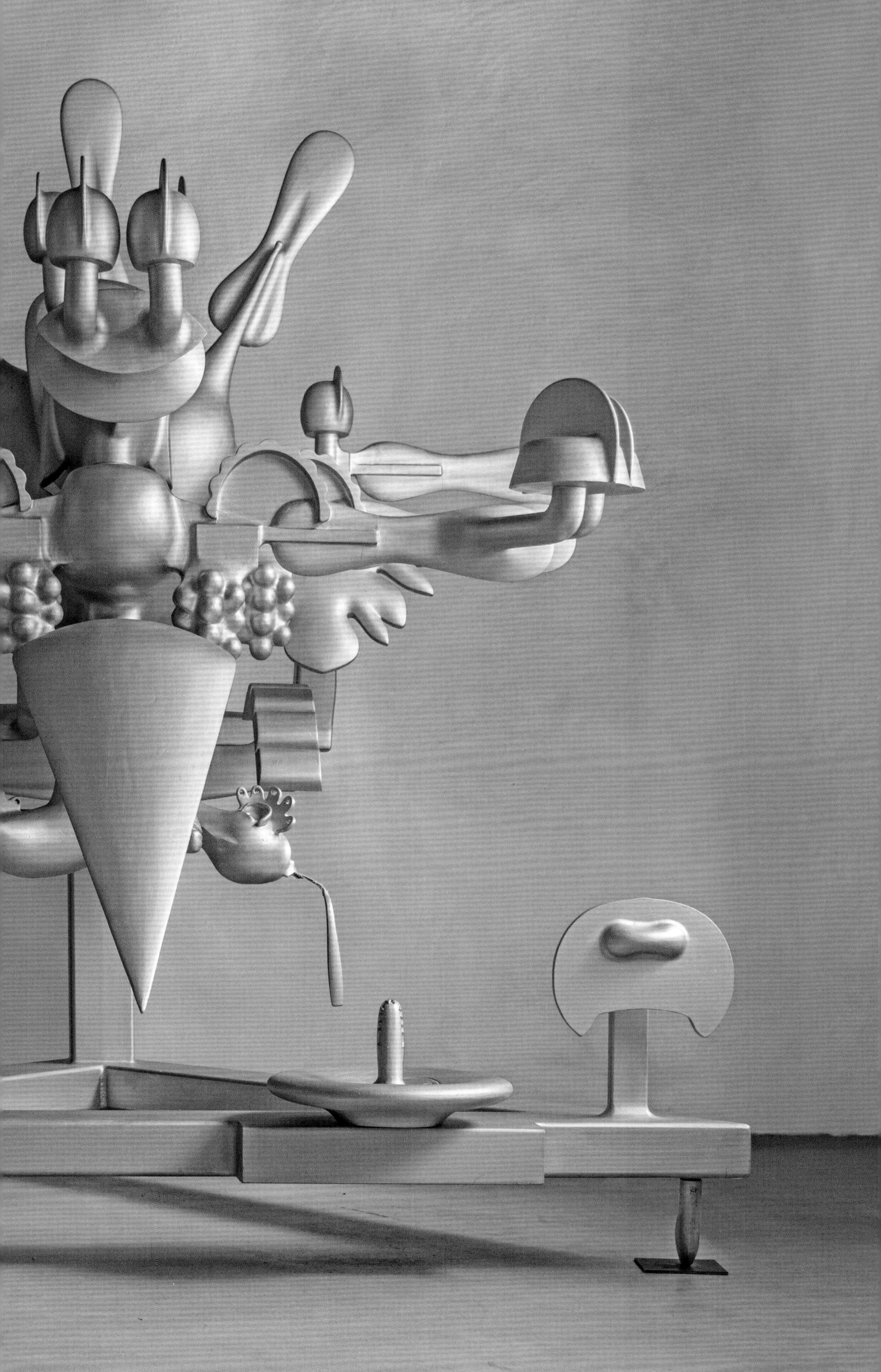

Geleitwort

Der Österreicher Bruno Gironcoli (1936–2010) gilt als einer der wichtigsten Bildhauer seiner Generation. Vielfach wurde er in Österreich für seine eigenwilligen, oft exzentrischen Arbeiten ausgezeichnet. Zahlreiche junge Künstler hat der Professor für Bildhauerei an der Akademie der bildenden Künste Wien mit seinem vom originären Avantgardegedanken geleiteten Werk beeinflusst und inspiriert. Die Dauerpräsentationen im Gironcoli-Kristall in Wien sowie im Gironcoli Museum Herberstein in der Steiermark sichern dem Künstler auch posthum hohe Beachtung. Durch die jetzige Ausstellung wird ihm die längst verdiente Aufmerksamkeit außerhalb seiner Heimat geschenkt.

Mit den selten gezeigten, monumentalen Werken Gironcolis wird erneut der Anspruch der Schirn unterstrichen, räumliche wie zeitliche Grenzen zu sprengen und neue Sichtweisen zu eröffnen. Die Schirn Freunde freuen sich, dieses spannende Projekt unterstützen zu können.

Christian Strenger
Vorsitzender des Vorstands
Schirn Freunde e. V.

Vorwort

Einzigartig in seinem komplexen und irritierenden Werk mit unverwechselbaren, symbolhaften Formen und hochgeachtet in seiner Lehrtätigkeit an der Wiener Akademie der bildenden Künste prägte der österreichische Ausnahmekünstler Bruno Gironcoli Generationen von Künstlern. Immer wieder neue Werkgruppen bezeugen seinen kreativen Einfallsreichtum. Am prägnantesten zeigt sich Gironcolis Talent jedoch in seiner reifen Schaffensphase, mit seinen seit 1977 entstandenen monumentalen *Prototypen*. »Prototypen einer neuen Spezies« hat sie Peter Noever anlässlich einer Ausstellung genannt, die noch zu Lebzeiten des Künstlers im Wiener MAK stattfand. Tatsächlich wirken diese maschinenhaften Wesen äußerst lebendig. Sie beeindrucken mit ihrer Monumentalität und könnten ebenso archaische Funde sein wie utopische Entwürfe. Für die Ausstellung in der Schirn haben wir gerade diese Werkgruppe ausgesucht – weil sie eben so einzigartig ist. Bruno Gironcoli, dieser wunderbare österreichische Künstler, ist in Deutschland leider noch viel zu wenig bekannt und geschätzt. Die schiere Größe der nun in der Schirn zu sehenden Werke stand sicher so manchem Ausstellungsprojekt im Wege. Um die Logistik einer solchen Unternehmung ranken sich Legenden. Von Tiefladern ist da die Rede, von Mauern, die eingerissen werden mussten, um die Arbeiten in ein Museum zu bringen. Umso mehr freuen wir uns, dieses ambitionierte Projekt in der Schirn zeigen zu können.

Zuallererst möchte ich dem Bruno Gironcoli Estate und hier insbesondere Bettina M. Busse und Christine Gironcoli sehr herzlich danken, die das Ausstellungsprojekt von Anfang an mit großem Engagement und Enthusiasmus begleitet haben. Dieses Projekt hätte kaum ohne die uneingeschränkte Hilfe und großzügige Mitwirkung des Nachlasses stattfinden können. In allen Phasen konnten wir auf seine kenntnisreiche Kooperation zählen, wann immer Fragen zu Leben und Werk des Künstlers oder zur komplexen Logistik auftraten. Ohne die Unterstützung öffentlicher und privater Leihgeber hätte auch diese Ausstellung nicht realisiert werden können. Ihr Entgegenkommen weiß ich überaus zu schätzen und möchte dafür dem Belvedere, Wien, dem Gironcoli Museum in Herberstein sowie dem STRABAG Kunstforum in Wien herzlich danken.

Martina Weinhart als Kuratorin dieser einzigartigen und originären Ausstellung spreche ich meinen herzlichen Dank für die Idee und Realisierung des aufwendigen Projekts aus. Bei der umfangreichen Vorbereitung und Umsetzung der Ausstellung sowie des begleitenden Katalogs stand Rebecca Herlemann ihr als kuratorische Assistentin mit großem Engagement zur Seite, auch ihr gilt mein Dank.

Die Textbeiträge in der begleitenden Publikation sind ebenfalls Martina Weinhart und Rebecca Herlemann zu verdanken. Uta Hasekamp und Rebecca van Dyck gilt mein Dank für ihr versiertes Lektorat und Amy Klement für die aufmerksame Übersetzung. Für die außergewöhnliche Gestaltung des Katalogs danke ich Christoph Steinegger. Dem Distanz Verlag möchte ich für die gute Zusammenarbeit und die Produktion der Ausstellungspublikation danken. Marie Schoppmann und Alexandra Papadopoulou von VERY haben das stimmige Ausstellungsdesign entworfen, auch ihnen gilt mein Dank.

Das Zustandekommen der Ausstellung haben wir darüber hinaus unseren Förderinnen und Förderern zu verdanken. Zunächst danke ich der Stadt Frankfurt sowie stellvertretend für alle Entscheidungsträger dem Oberbürgermeister Peter Feldmann und der Kulturdezernentin Ina Hartwig.

Stellvertretend für die über 2000 Mitglieder der Schirn Freunde gilt mein großer Dank ihrem Vorsitzenden Christian Strenger sowie der Geschäftsführerin Tamara von Clary, die uns erneut bei einer starken künstlerischen Position, die programmatisch für die Schirn steht, schon früh ihre maßgebliche Unterstützung zugesichert haben. Dr. Wilhelm Weiß, dem Direktor des STRABAG Kunstforums in Österreich, welches nicht nur Kooperationspartner, sondern ebenso ein wichtiger Unterstützer des Projektes ist, danke ich sehr herzlich für das großzügige Engagement.

Für ihren unermüdlichen Einsatz bei der Realisierung dieser Ausstellung und des vorliegenden Katalogs danke ich abschließend allen Kolleginnen und Kollegen an der Schirn. Inka Drögemüller als stellvertretender Direktorin sowie Esther Schlicht als Ausstellungsleiterin danke ich sehr herzlich, wie auch Karin Grüning, Elke Walter und Anna Noll für die aufwendige Organisation rund um den Transport der Werke und den Auf- und Abbau der Ausstellung. Christian Teltz und Oliver Taschke möchte ich für die technische Betreuung danken, Andreas Gundermann und dem Hängeteam sowie der Restauratorin Stefanie Gundermann gilt ebenfalls mein Dank. Für das kreative Marketing und die Gestaltung der Werbekampagne ist Luise Bachmann, Isabel Stamm, Heike Stumpf und Elena Schmidt zu danken. Pamela Rohde, Johanna Pulz und Elisabeth Pallentin danke ich für die Pressearbeit sowie Antonia Lagemann für die Koordination und Betreuung dieser Publikation sowie die Redaktion des Schirn Magazins. Das begleitende Vermittlungsprogramm ist Chantal Eschenfelder mit Simone Boscheinen, Laura Heeg, Irmi Rauber und Olga Shmakova zu verdanken. Für die Entwicklung und Koordination der Veranstaltungen in der Schirn danke ich Ute Seiffert mit Lena Sobczinski; für das Sponsoring und die Betreuung der Partner und Förderer Julia Lange und Miriam Werner. Ebenfalls gilt mein Dank Heike Berndt, Claudia Kroh und Tanja Stahl in der Verwaltung der Schirn. Außerdem möchte ich mich bei Daniela Becker für die Assistenz in zahlreichen Belangen bedanken. Abschließend danke ich dem Boten Lukas Müller, Rosaria La Tona und dem Team der Gebäudereinigung, Josef Härig und Vilizara Antalavicheva am Empfang und allen weiteren Mitarbeiterinnen und Mitarbeitern der Schirn Kunsthalle, die an der Realisierung dieser herausragenden Ausstellung beteiligt waren.

Philipp Demandt
Direktor
Schirn Kunsthalle Frankfurt

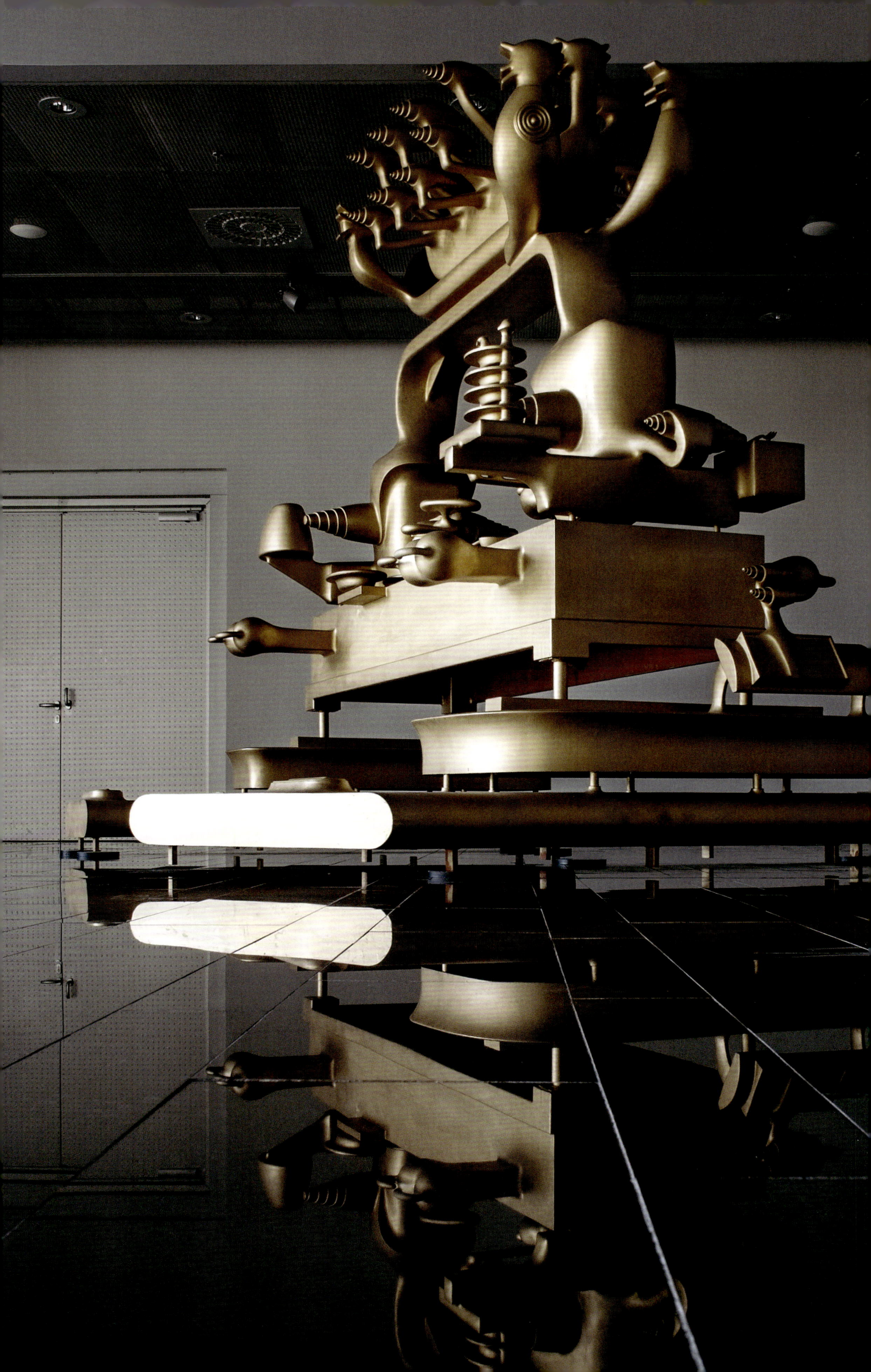

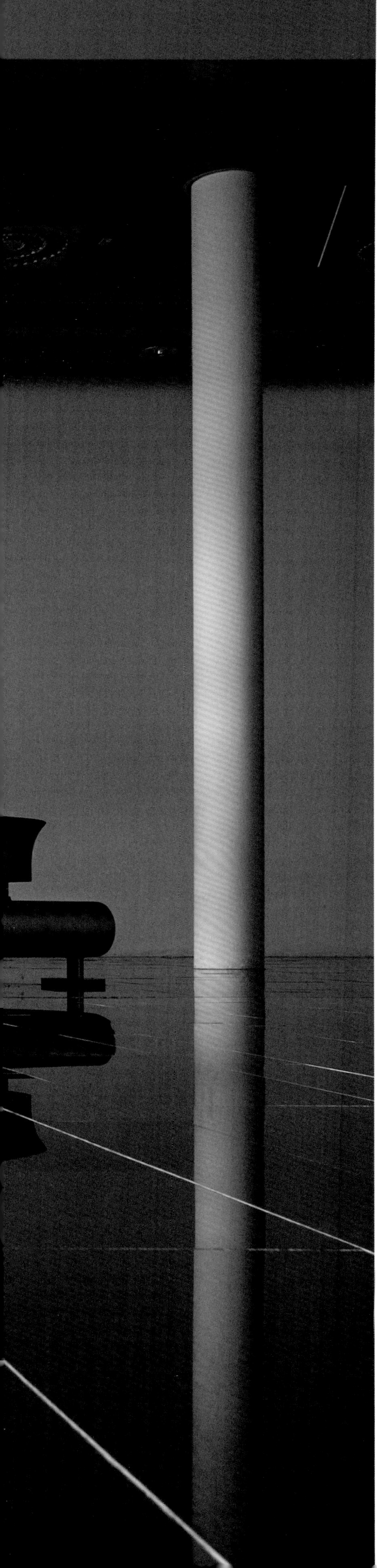

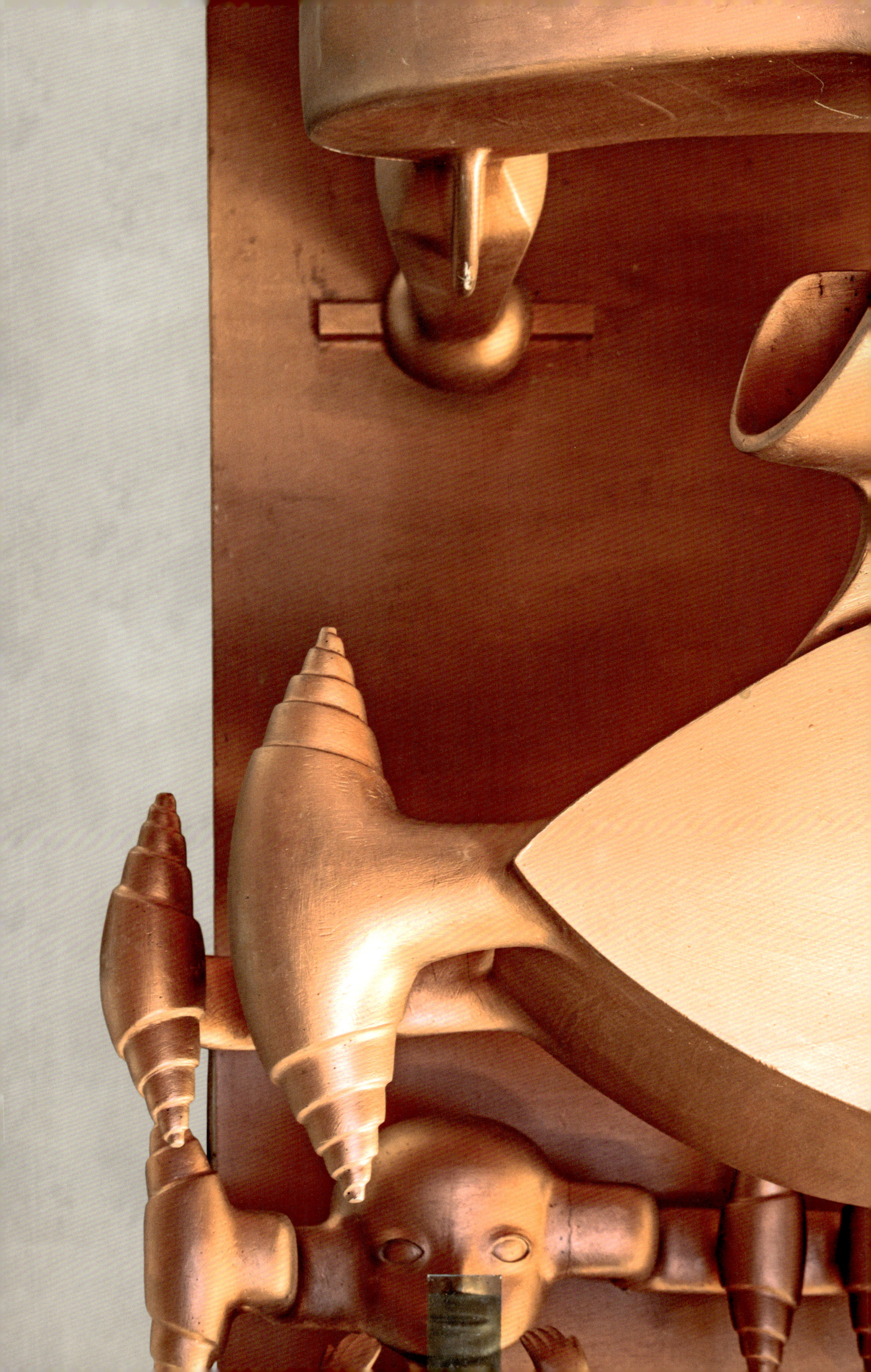

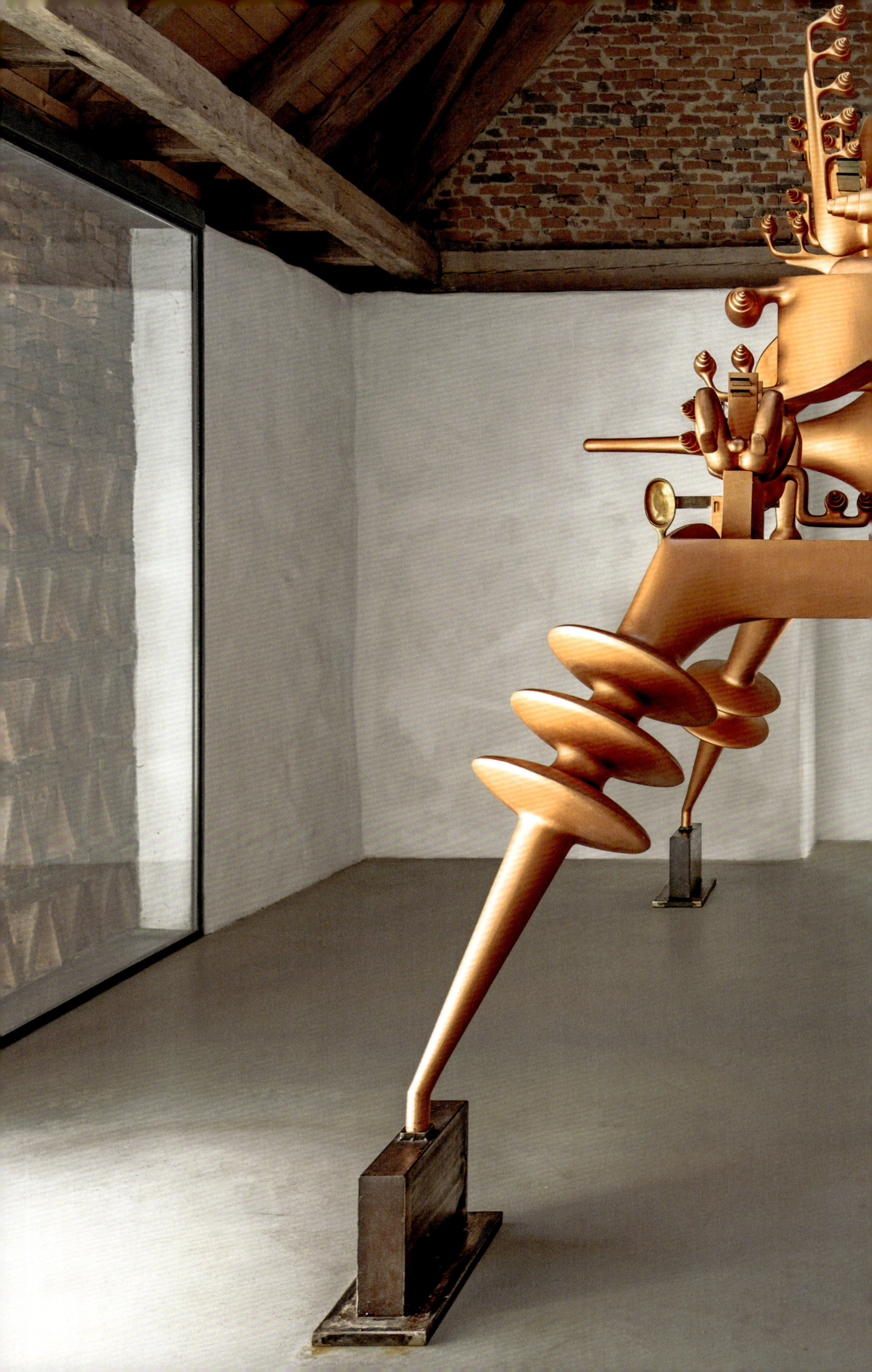

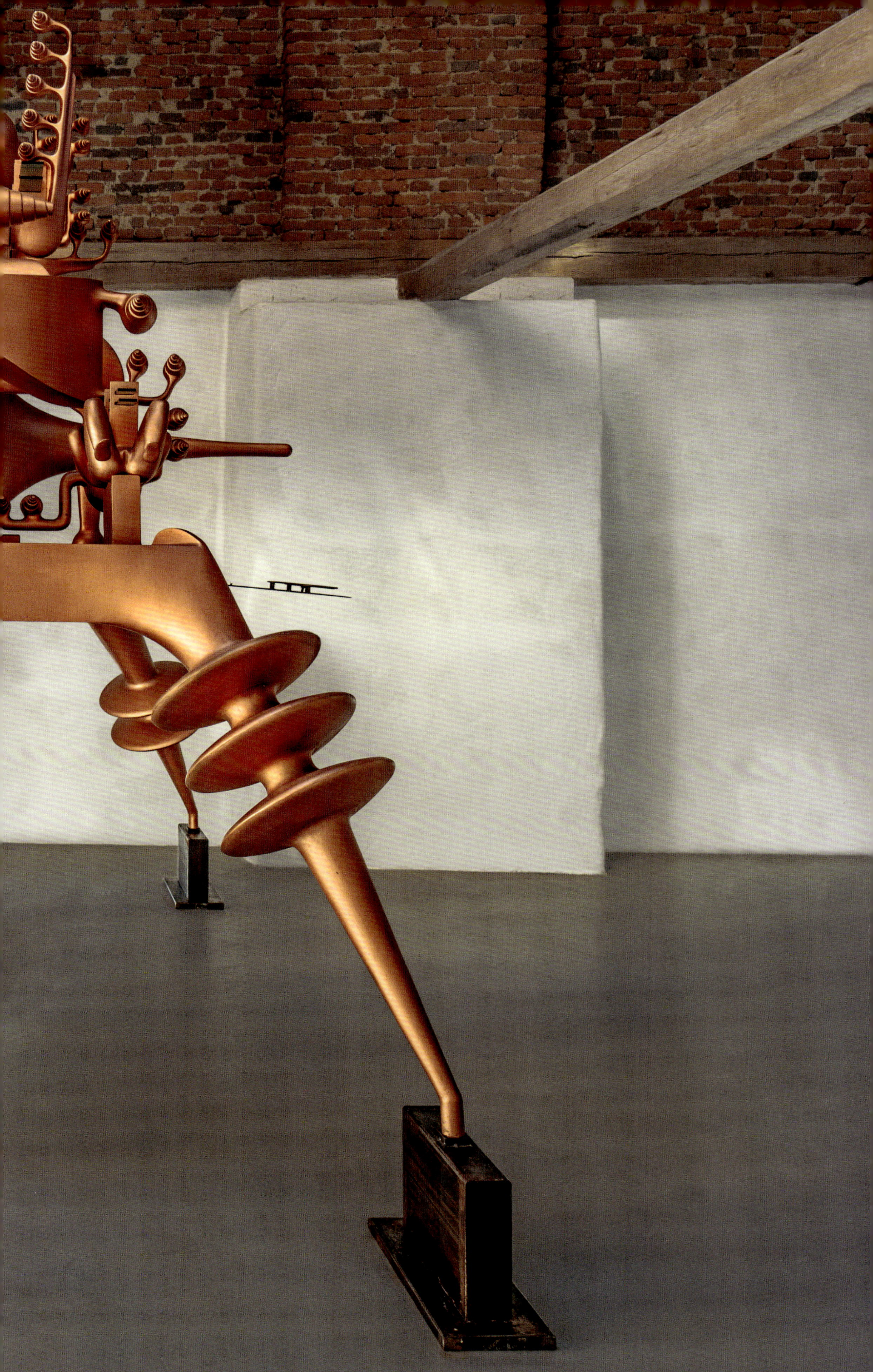

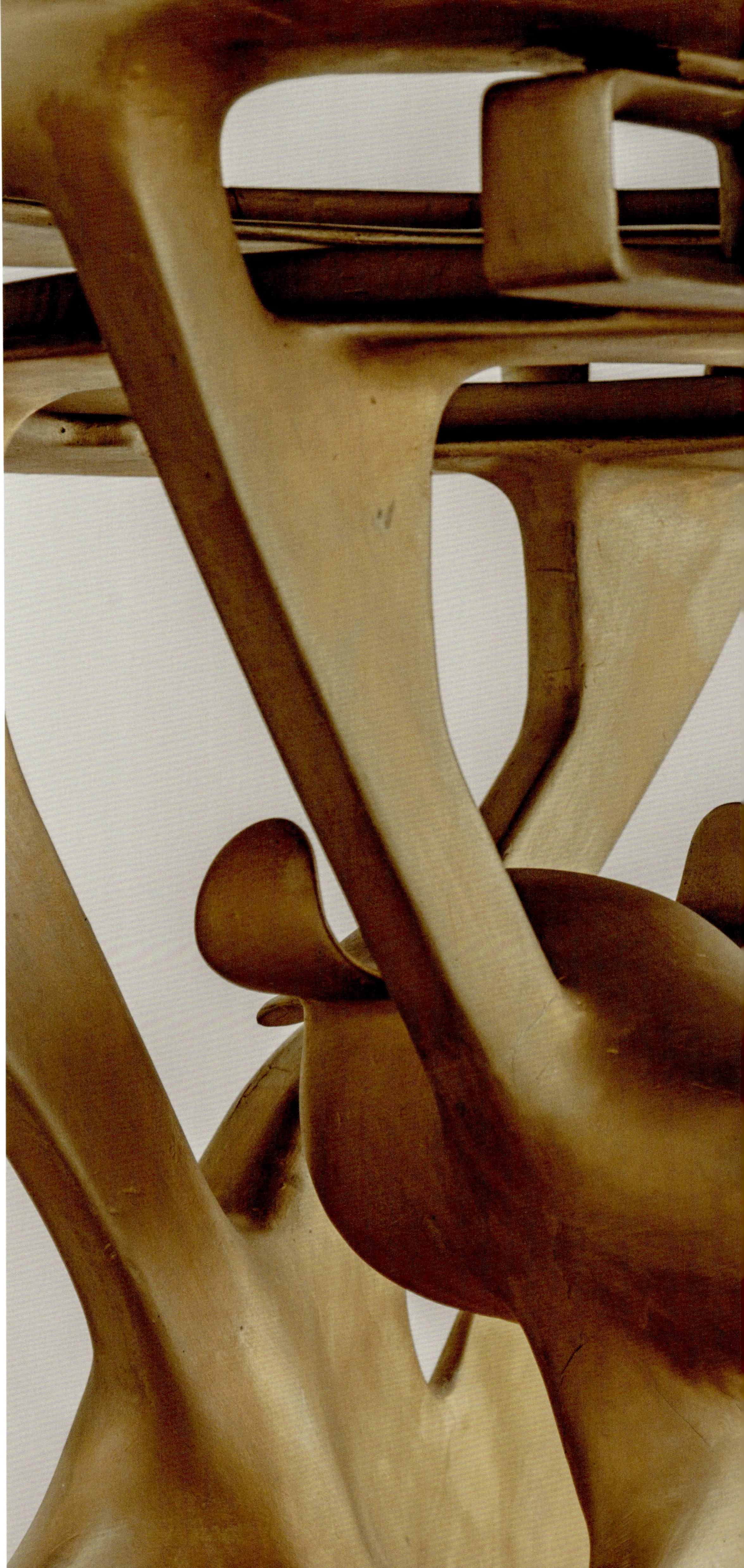

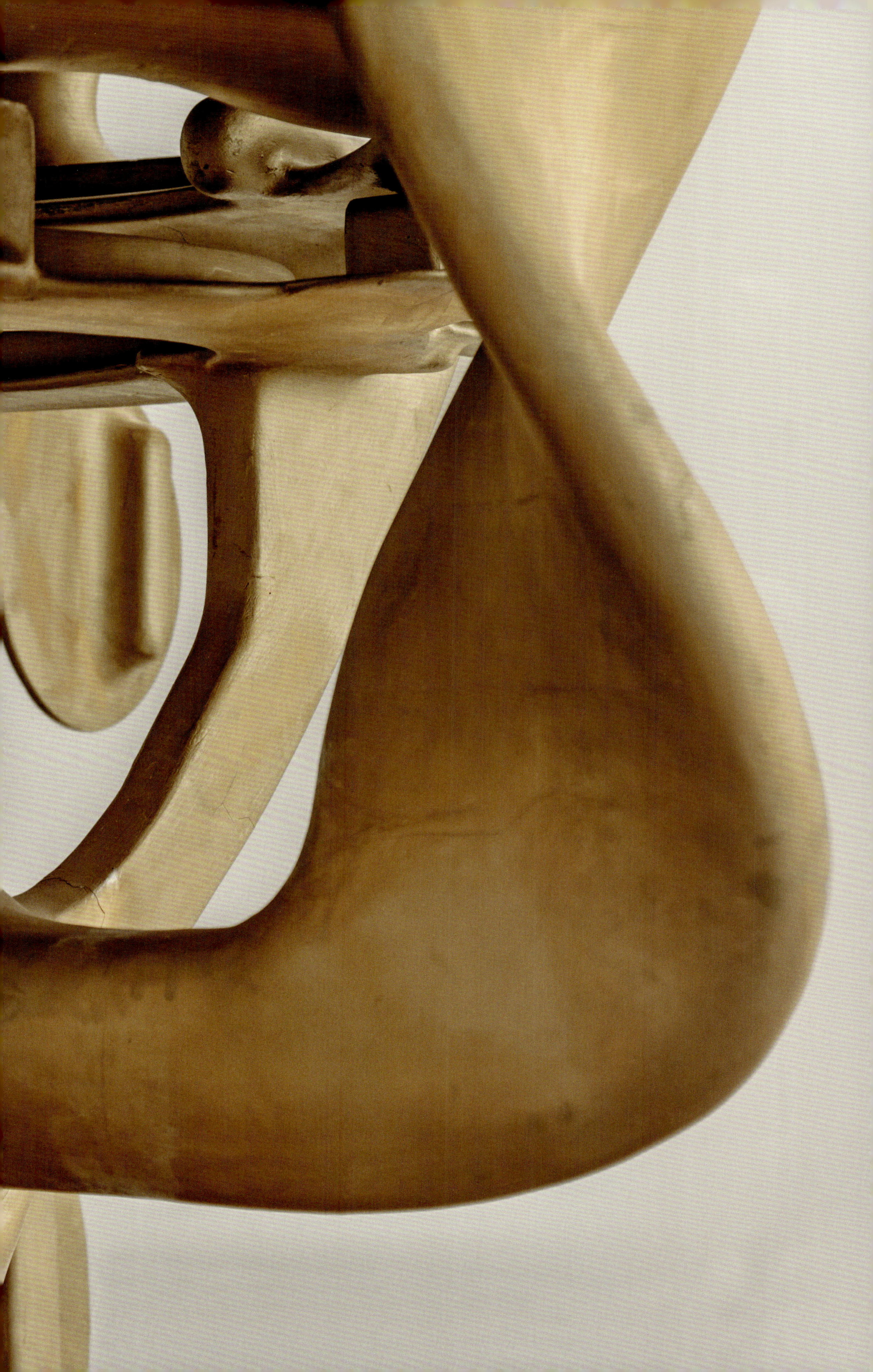

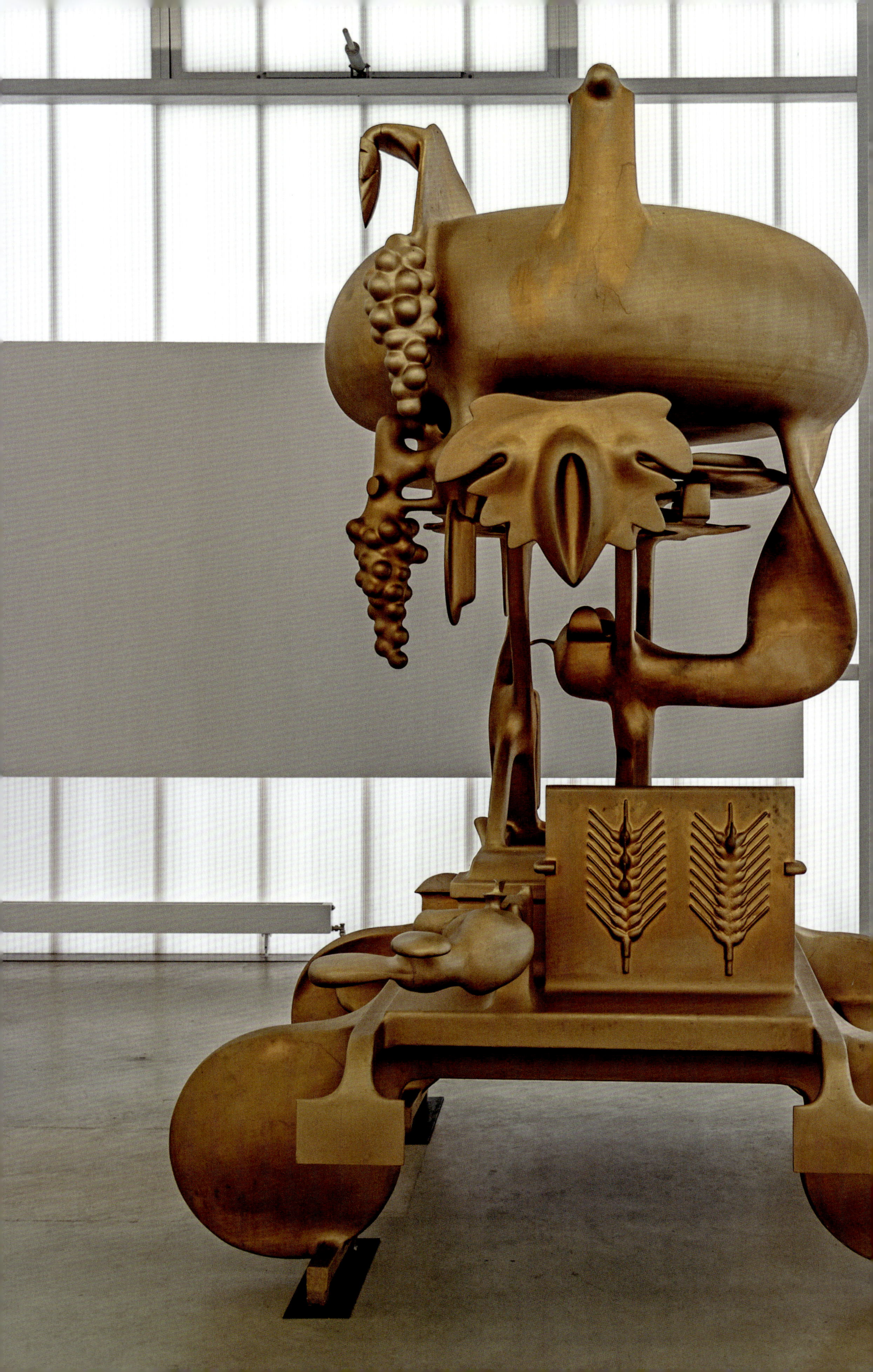

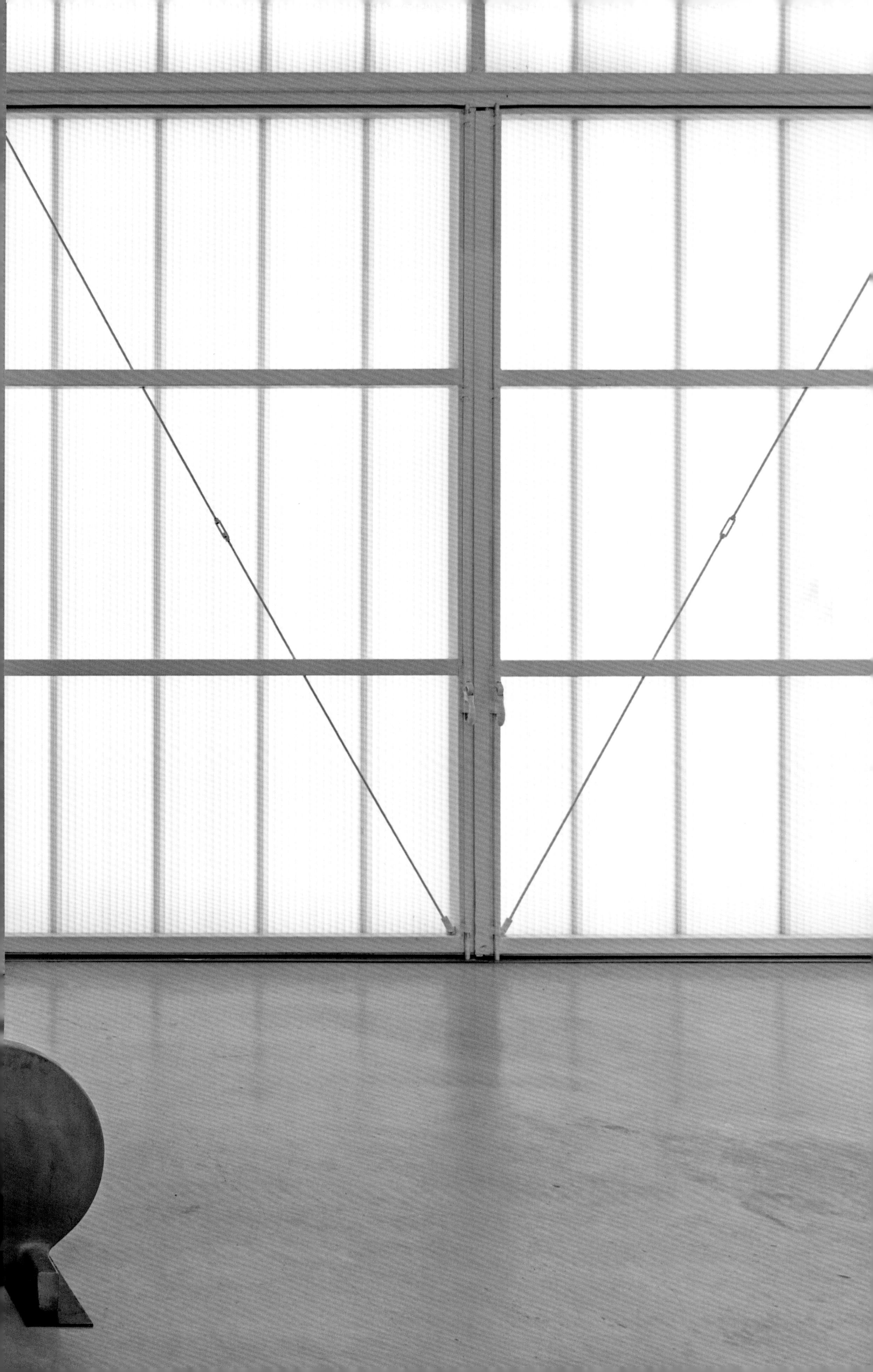

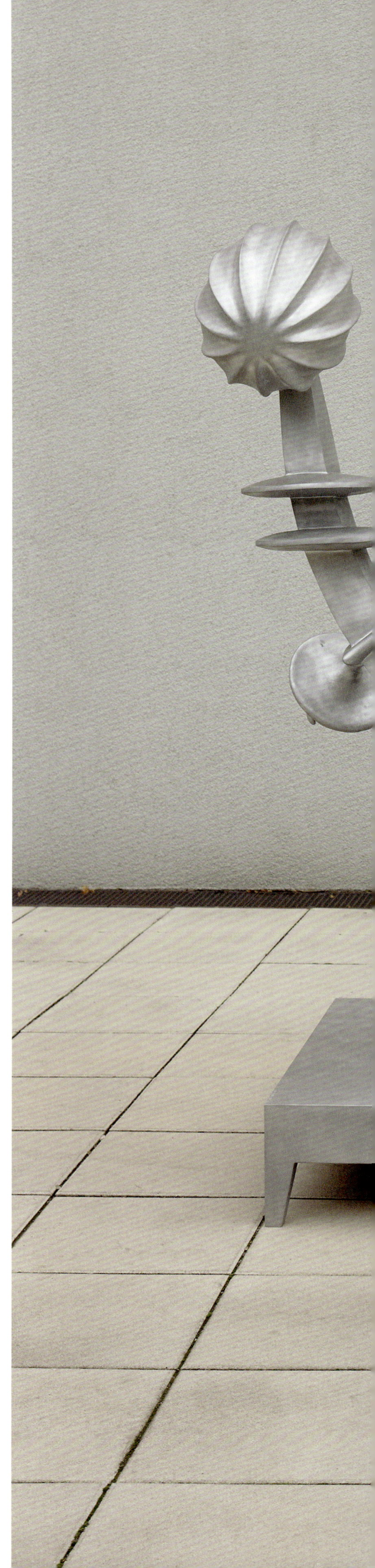

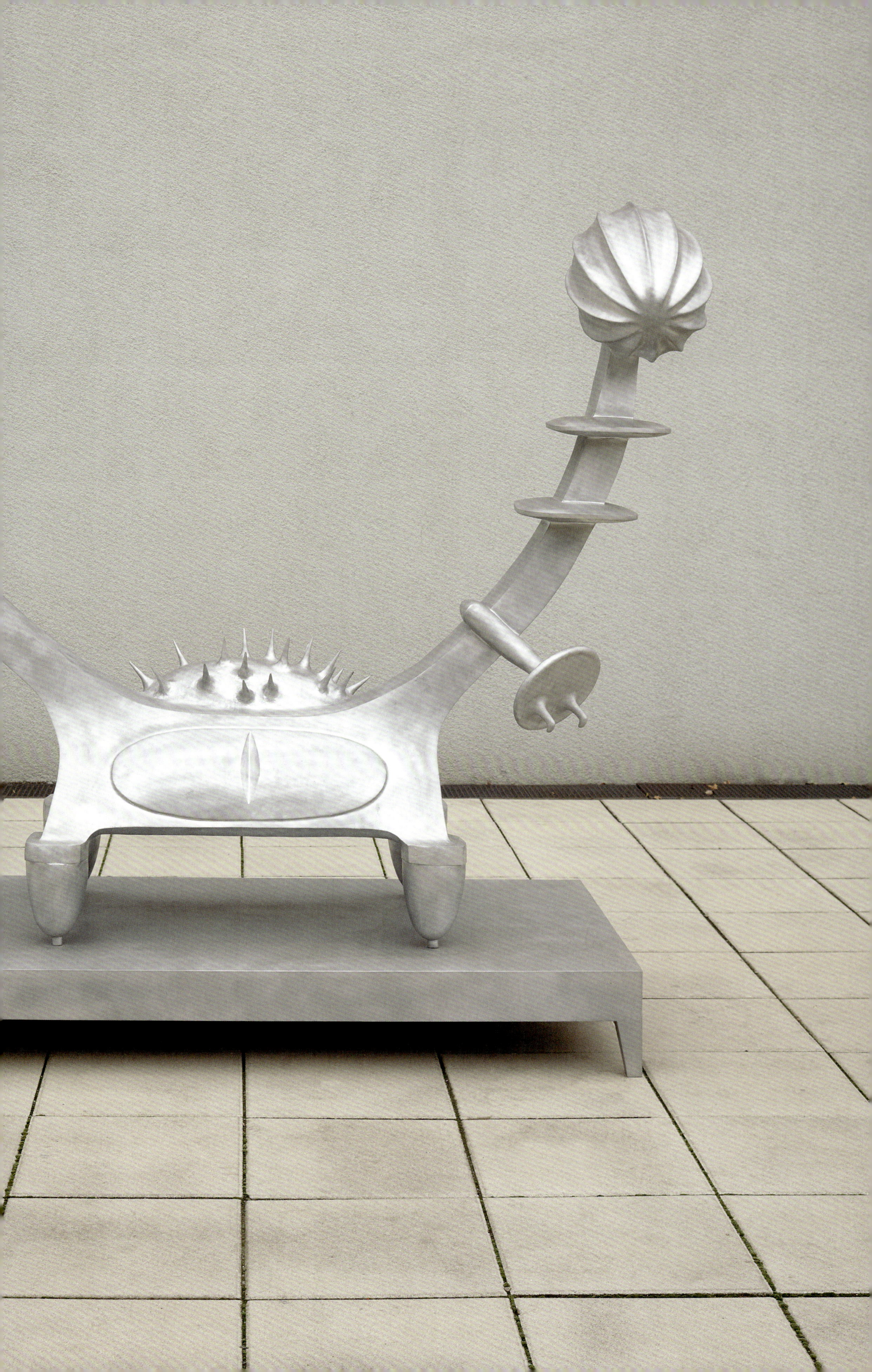

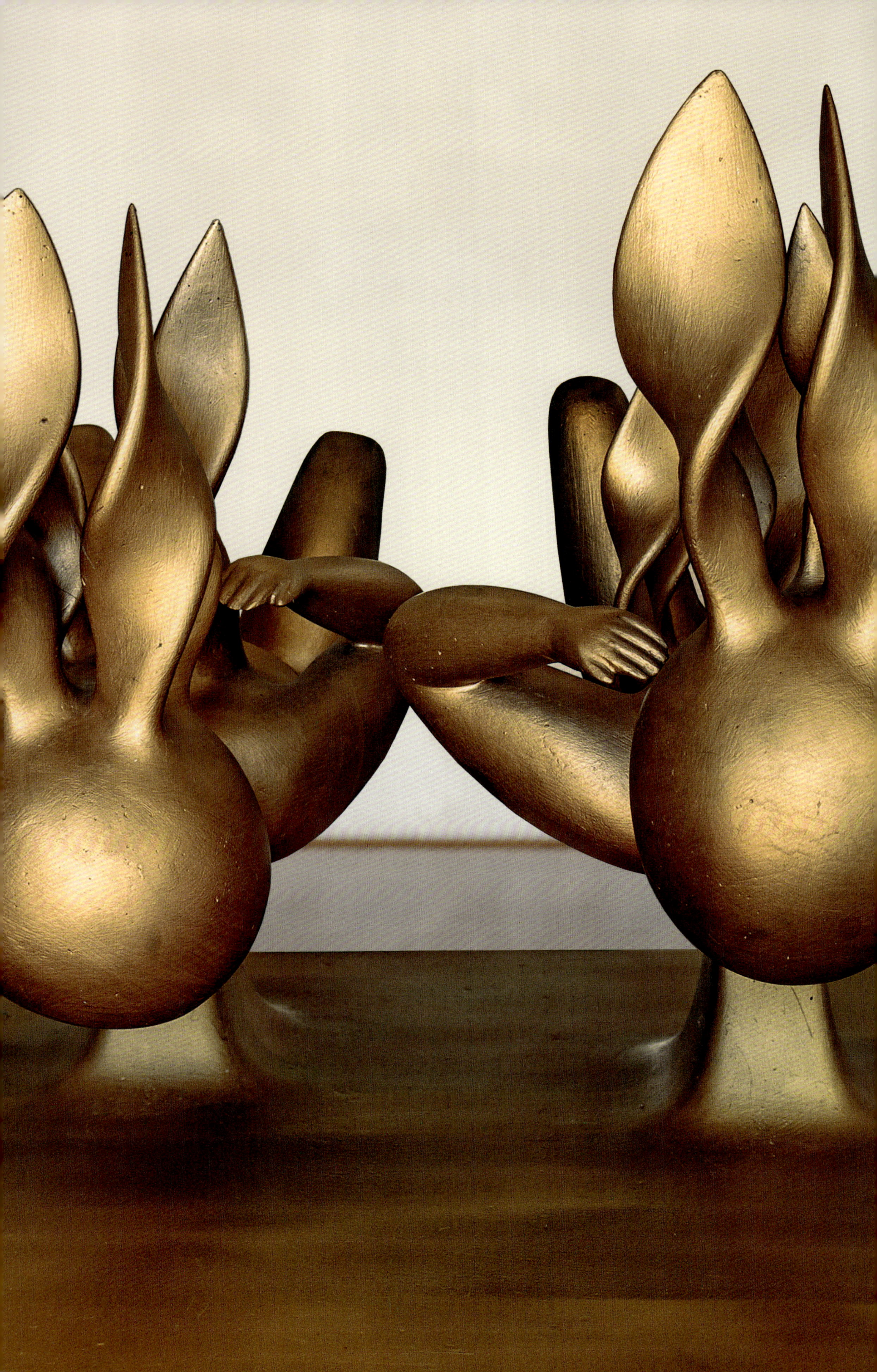

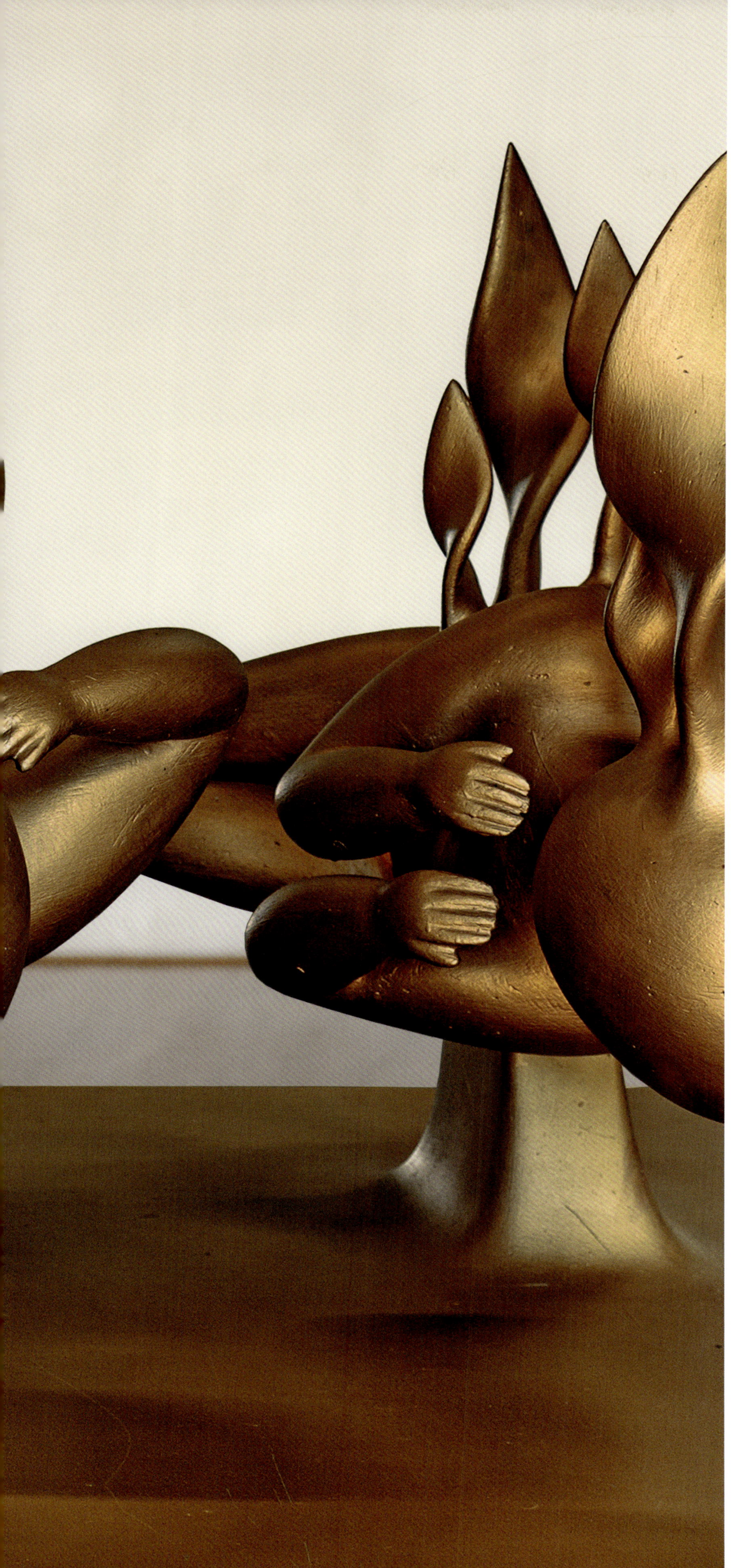

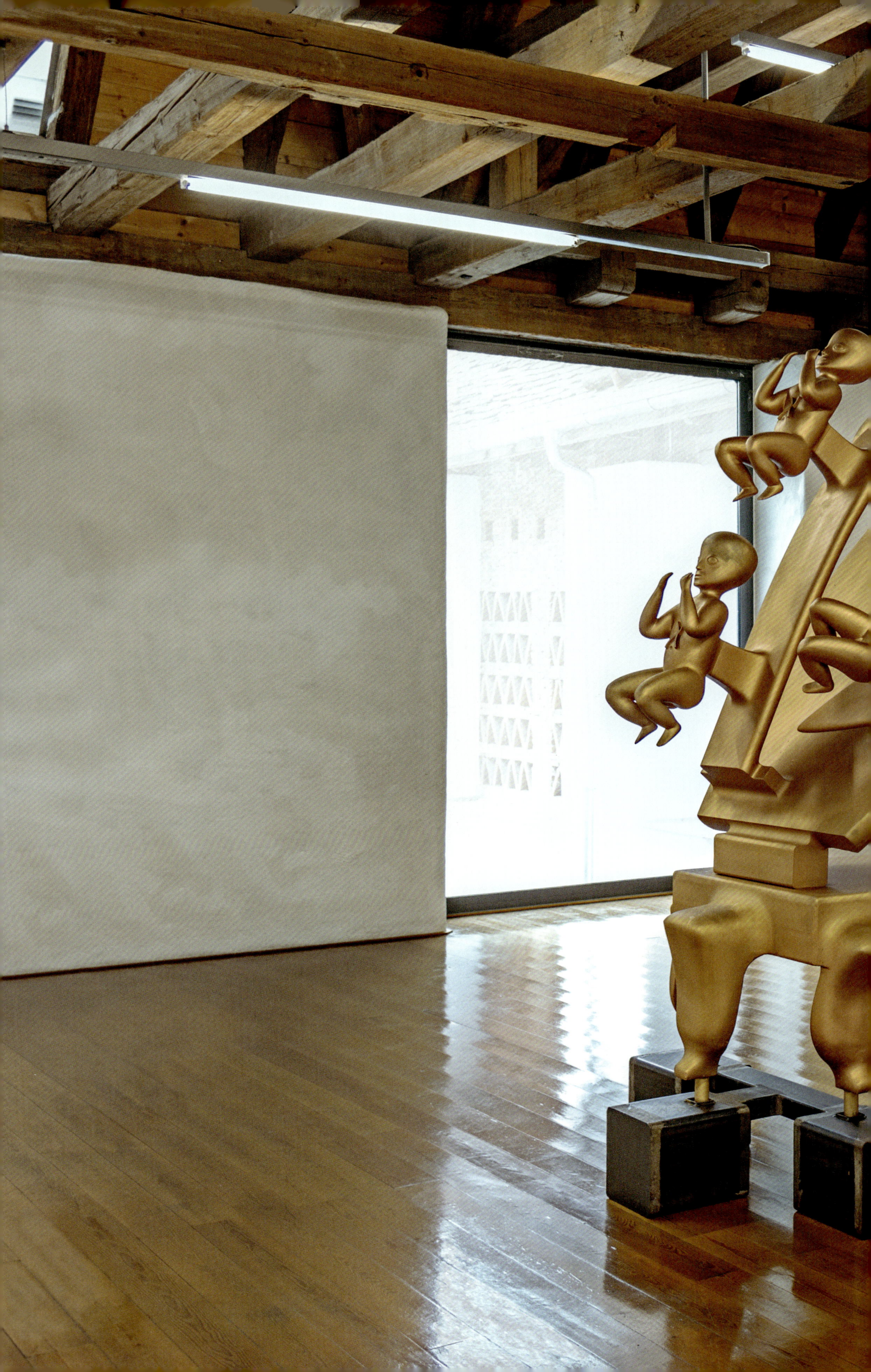

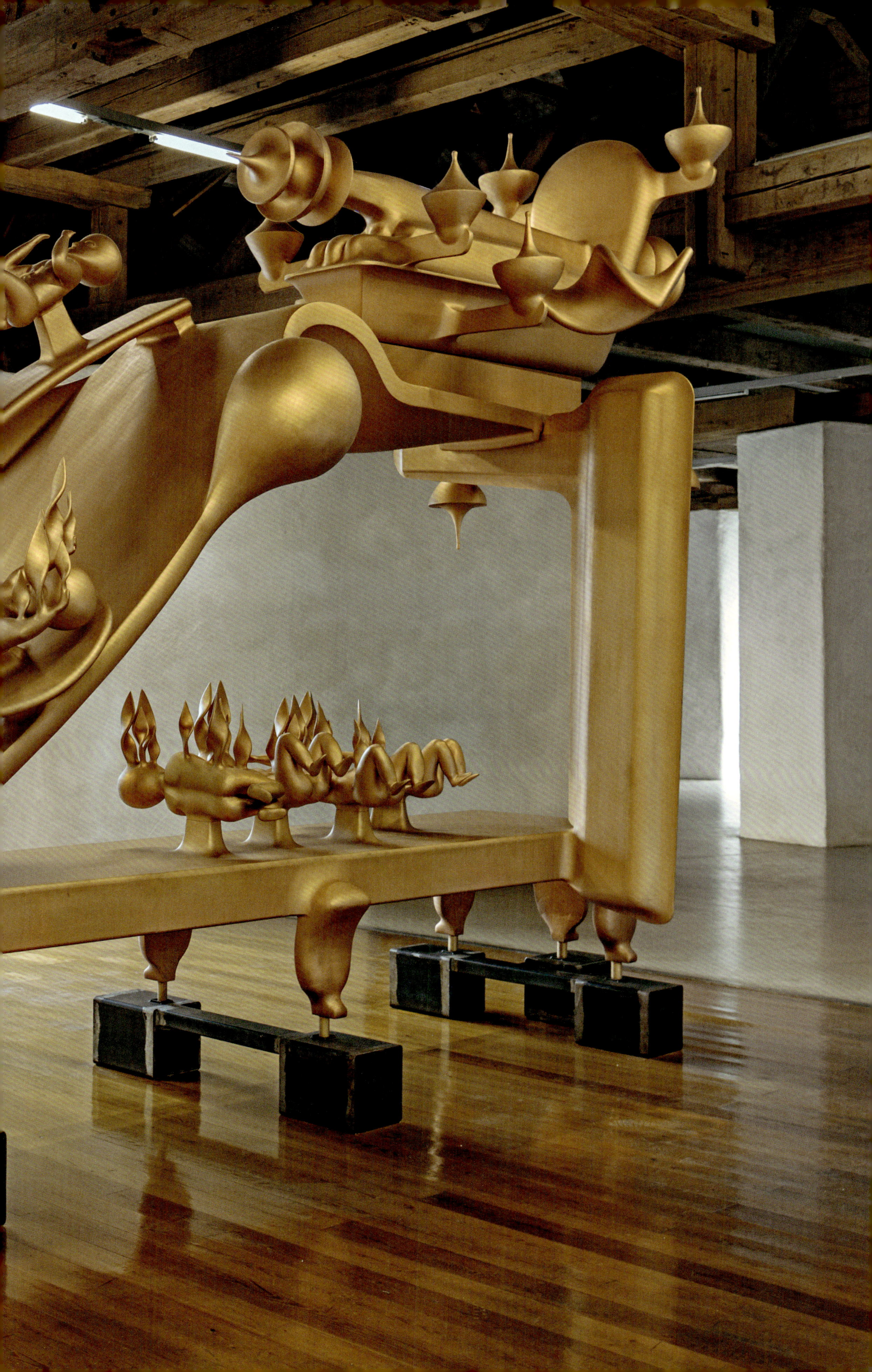

Die denkwürdigen Gebilde des erfindungsreichen Herrn G.

Martina Weinhart

Wer jemals den ebenso fantastischen wie monumentalen Skulpturen des österreichischen Exzentrikers Bruno Gironcoli begegnet ist, den lassen sie so leicht nicht mehr los. Imposant und irritierend sind sie. Verführerisch kommen sie daher in Gold, Bronze oder Kupfer, bieten glatte, glänzende Oberflächen an. »Broschen« hat Gironcoli, der seine künstlerische Laufbahn mit einer Ausbildung zum Goldschmied angefangen hat, sie auch genannt – eine etwas rätselhafte Bezeichnung, die man kaum mit der monumentalen Größe seiner späten Werke zusammenbringt. Ein Hinweis auf die Eigenwilligkeit seines Schaffens ist es allemal. Einem Theater des Absurden oder einer surrealen Traumwelt entsprungen, erscheinen diese gigantischen Objekte wie »Prototypen einer neuen Spezies«. Man hat sie auch einmal als »Riesenspielzeuge« bezeichnet, das scheint eher zu passen.[1] Fremdartig und doch irgendwie vertraut sind sie mit ihren organischen Formen und den Versatzstücken einer Alltagskultur, die sich häufig am Lokalen orientiert: Bald glaubt man ein Weinfass zu erkennen, eine Ähre, eine Weinrebe. Dann wieder inszeniert Gironcoli einen seltsamen Aufmarsch von Säuglingen oder eine imposante ameisenartige Skulptur. Er hat auch gesagt: »Das Zeichenhafte ist der Sex der Plastik.«[2] Rätselhaft bleiben die Objekte in jedem Fall und geben mir als Betrachterin genügend Raum, immer wieder neue Formen und Bedeutungen zu entdecken.

Zuallererst scheinen die Werke Gironcolis ein allgemeines, fast kindliches Staunen zu verursachen, das auch die in Analysen eigentlich geübte Fachwelt kaum unbeeindruckt lässt: Kasper König beschreibt die Skulpturen als außerirdisch anmutende Altäre, als Mischform hybrider Natur, wie er sie noch nie erlebt habe. Für Donald Kuspit sind Gironcolis Figuren von unterschiedlicher Seltsamkeit und »formal betrachtet einzigartig«. Werner Hofmann bescheinigt dem Künstler »erfinderische Unersättlichkeit«. Peter Weiermair nennt ihn einen »Exzentriker der zeitgenössischen Skulptur«. Nach Peter Gorsen sind wir bestürzt, wie nahe uns die Werke rücken. Für Armin Zweite wiederum ist Gironcoli »ein Gratwanderer geblieben, ein Außenseiter, der kein Risiko scheut«.[3] Wie man an der illustren Liste seiner Apologeten ablesen kann, ist Gironcoli in Österreich eine Institution, ein Künstler, den fast jeder kennt. Seine Ästhetik der Maßlosigkeit und der Opulenz, die immer neue Wucherungen und Schnörkel ausbildet, hat unzählige jüngere Künstler inspiriert. Von 1977 bis 2004 leitete er als Nachfolger von Fritz Wotruba die Bildhauerschule der Akademie der bildenden Künste in Wien. Er war der Lehrer von Franz West, Hans Schabus oder Ugo Rondinone. Er wurde mit dem österreichischen Staatspreis ausgezeichnet, hat auf den Biennalen von São Paulo und Venedig ausgestellt und wurde immer wieder in großen Ausstellungen in Wien präsentiert. Trotz alledem ist er im Ausland und somit auch bei uns wenig bekannt.

Ein gewichtiger Grund hierfür ist sicher nicht zuletzt die schiere Größe und Massivität der späteren, nach 1977 entstandenen Werke. Mit seiner Ernennung zum Professor konnte er in den Bildhauerateliers im Wiener Prater über Räumlichkeiten verfügen, die eigentlich mehr als großzügig waren. »Mit meinem Professorengehalt kann ich mir alle Träume an Materialien für die Prototypen erfüllen – Sie sehen ja selbst, wie alles schon vollgeräumt ist. Ich kann die Teile gar nicht mehr zu fertigen Skulpturen zusammenbauen, dazu fehlt mir der Platz«, gestand Gironcoli freimütig.[4] Diese Konstellation machte den Künstler unabhängig von den formalen Begehrlichkeiten des Marktes, und so konnten seine Werke in all ihrer Eigenwilligkeit versteckt in Wiens größtem Park buchstäblich ins Unermessliche wuchern. Nur schwer trennte er sich von ihnen, wenn Ausstellungen anstanden. Immer wieder wurden sie umgebaut, Versatzstücke verwendet. Glaubt man den Berichten, zwangen sie den Besucher seiner Werkstatt zu

Kletterübungen, wobei die Enge nur den Blick auf Details erlaubte. In leicht ironischem Ton kommentierte Gironcoli seine chaotische Gigantomanie: »Meine Werkstätte ist nicht dort, wo die Dinge montiert und gefertigt werden, sondern meine eigentliche Werkstätte ist [...] meine kleine Hirnschale. Das wäre ein fast idealer Raum. Wie der ist, kann ich gar nicht beschreiben, scheinbar zu klein.«[5] Armin Zweite charakterisiert den Arbeitsprozess des Künstlers wie folgt: »Jeden Morgen beginnt Gironcoli, der in der Bildhauerschule der Wiener Akademie der bildenden Künste lebt [...] die Arbeit mit verschiedenen Helfern gleichzeitig an mehreren Skulpturen. Es gibt weder Projektskizzen oder Zeichnungen noch Pläne. Von der Intuition geleitet und der bildnerischen Vernunft kontrolliert, dirigiert er Ergänzungen, Änderungen und Umbauten. Immer wieder handelt es sich um einen Neuanfang, wobei schnell alles mit allem in Verbindung gerät, die bereits entwickelten Formen kollabieren oder auf neue Strukturen verweisen können, die die ihr ›innewohnenden Möglichkeiten‹ verlockender in Erscheinung treten lassen. Gironcoli spricht von einer ›Querfeldeinbildung‹ der Motive, die ihm keinen Abstand zu den immer weiter wuchernden Skulpturen lasse, ihn deshalb ständig dem Zwang des Änderns aussetze – bis an die ›Grenzen des Irrsinns‹«.[6] Auch wenn es sich bei Gironcolis Werken um Skulpturen handelt, die in der Kunst mithin zu den wohl materialreichsten Disziplinen gehören, sind seine Arbeiten niemals statisch. Diesen Eindruck hinterlassen sie heute noch immer, auch wenn niemand mehr an ihnen weiterarbeitet. Gironcoli ist 2010 gestorben.

Die Anfänge

Von seinen enormen Skulpturen der späteren Jahre ausgehend, lohnt es sich unbedingt, einen kurzen Blick zurückzuwerfen. In seiner künstlerischen Laufbahn gelingt es Gironcoli mit immer neuen Werkgruppen, eine jeweils neue, überraschende Sprache zu finden. Er hat es sich offensichtlich nie leicht gemacht. Stets scheint er frisch anzusetzen und sich kaum auf dem einmal Erreichten auszuruhen, deshalb ist es höchst aufschlussreich, diesen Weg hin zu seinen monumentalen Großskulpturen zu verfolgen. Schauen wir also auf seine

Anfänge: Mit 15 beginnt er eine Goldschmiedelehre in Innsbruck. Das ist ein ungewöhnlicher oder zumindest spezieller Beginn seiner Laufbahn als Künstler. Erst darauf folgt ein Studium an der Akademie für angewandte Kunst in Wien. Dort gilt sein Interesse der Malerei, er begeistert sich für den eigenwilligen Wiener Expressionisten Richard Gerstl. Seine ersten bildhauerischen Arbeiten bestehen etwas später aus Drahtplastiken und Objektassemblagen mit Titeln wie *Teilchenbeschleuniger 1* (1956) (Abb. 1) oder *Schneller Brüter 2* (1958) (Abb. 2). An der Angewandten wird er ohne Abitur nicht zu den Prüfungen zugelassen, also bricht er das Studium ab und geht 1960/61 nach Paris. Er wechselt also von der Stadt Sigmund Freuds zu der von Jean-Paul Sartre. Paris ist zu dieser Zeit das Zentrum des Existentialismus, der mit seinen Ideen die Philosophie der Nachkriegszeit maßgeblich prägt. Dies beeindruckt ihn deutlich. »Der Existentialismus ist ein Humanismus«[7] lautet der Titel eines zentralen und damals sehr populären Essays von Sartre. Überall werden die hier formulierten Thesen diskutiert. Sartres Hauptwerk *Das Sein und das Nichts* ist in aller Munde.[8] Es geht um das Leben, wie es ist, um Erfahrungen wie Gleichgültigkeit, Ekel, Revolte, Absurdität und darum, die Verantwortung für sich selbst zu übernehmen. Man verhandelt existenzielle Themen wie Angst, Sorge, Verlassenheit oder Tod, aber auch gesellschaftliche Verantwortung. Paris ist zugleich die Stadt von Samuel Beckett, auch dieser Autor wird zum maßgeblichen Motor, zum Keim für das sich formierende Werk des jungen Bildhauers. Doch dazu später mehr.

Nicht weniger einflussreich für das künftige Schaffen von Bruno Gironcoli ist nach eigenem Bekunden die Begegnung mit dem Werk des in Paris lebenden Schweizers Alberto Giacometti. Inspiriert von dessen radikalem skulpturalen Œuvre widmet er sich zunehmend dem plastischen Gestalten. Auch das Zeichnen wird ihn weiterhin beschäftigen, die Malerei gibt er auf. Von Giacometti nimmt er die Auseinandersetzung mit den Darstellungsmöglichkeiten der menschlichen Figur auf, wenn auch nicht formal. Kaum vergleichbar sind die überschlanken, silhouettenhaften Figuren Giacomettis mit den reduzierten, nahezu minimalistisch geschlossenen, oft kräftigen und kompakten Formen, an denen Gironcoli die

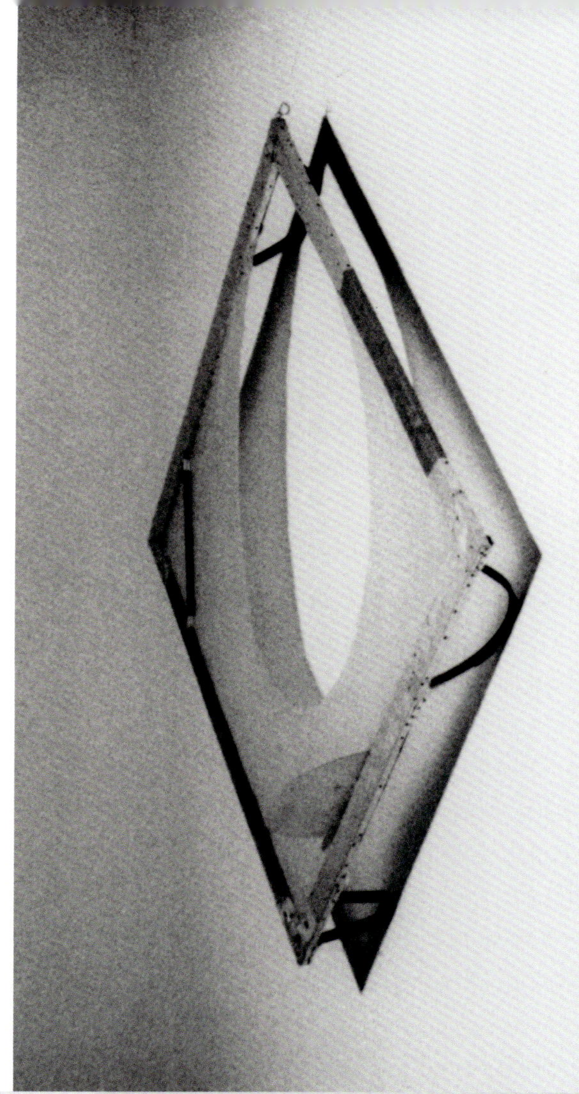

Abb. 1
Teilchenbeschleuniger 1, 1956
Holz, Eisen, Aluminium, Draht
100 × 100 × 20 cm
Estate Bruno Gironcoli, Wien

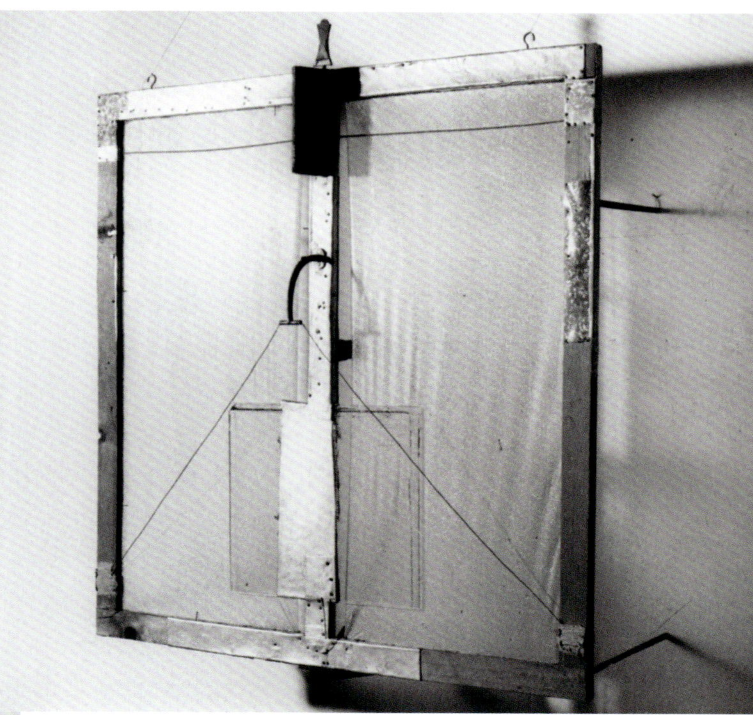

Abb. 2
Schneller Brüter 2, 1958
Holz, Eisen, Aluminium,
Draht, Glas, Plastikfolie
100 × 100 × 50 cm
Estate Bruno Gironcoli, Wien

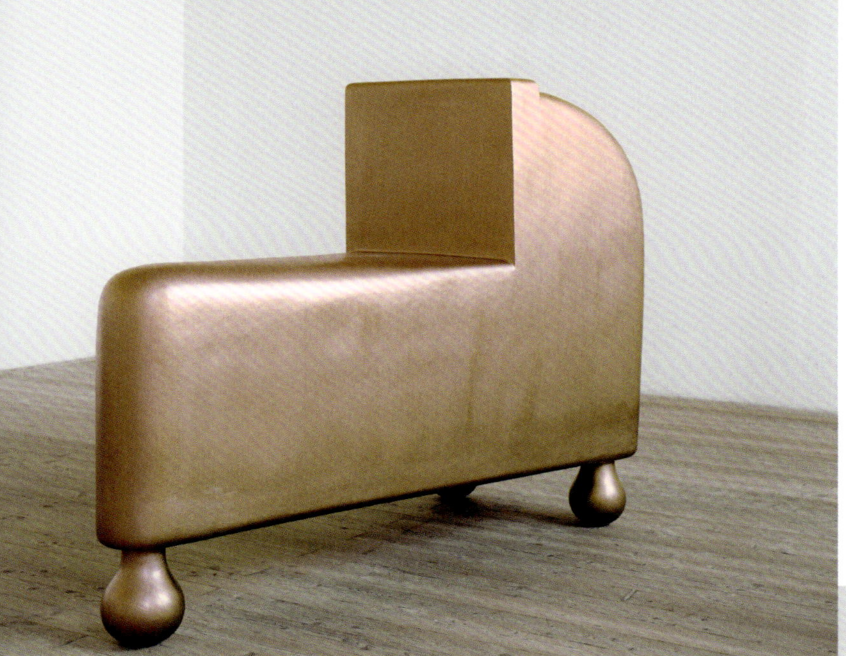

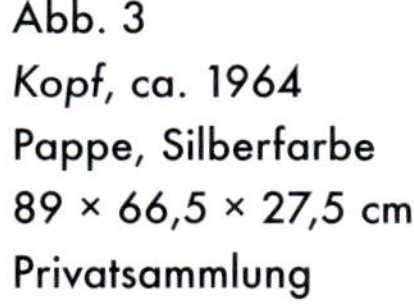

Abb. 3
Kopf, ca. 1964
Pappe, Silberfarbe
89 × 66,5 × 27,5 cm
Privatsammlung

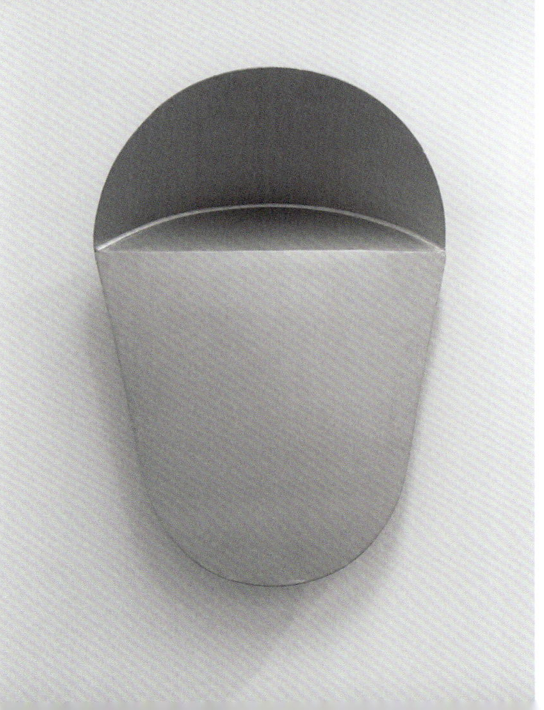

Abb. 4
Ohne Titel, 1966
Polyester, Holz, Bronzefarbe
139 × 195 × 77 cm
Sammlung Generali Foundation –
Dauerleihgabe am Museum der
Moderne, Salzburg

1960er-Jahre hindurch arbeiten wird. Die Rundungen erinnern eher an die eleganten Schwünge von Hans Arp oder Constantin Brancusi als an die rissigen Oberflächen von Giacometti. Der Mensch taucht bei Gironcoli in der Serie der *Köpfe* (Abb. 3) auf, als bis auf das Notwendigste reduzierte Form, zunächst kantig, ein wenig an die suprematistischen Darstellungen von Malewitsch erinnernd, dann jedoch immer runder und voluminöser werdend. Die Köpfe bleiben jedoch stets abstrakt und sind als solche oft kaum zu identifizieren. Die Serie beginnt er in Pappmaché, rasch jedoch nutzt er das aktuelle Material Polyester, das Mitte der 1960er-Jahre perfekt zu den neuen Ideen passt. Diese Werke sind ganz auf der Höhe der Zeit und flirten auf ihre Weise mit der Pop Art. Die ersten *Köpfe* sind laut Gironcoli von Pril-Flaschen inspiriert. 1966 entsteht eine Skulptur ohne Titel, die an einen Kinderwagen (Abb. 4) erinnert. Auch in der Pop Art werden Shampooflaschen, Haushaltsgeräte, Pulverkaffee, das ganze Paradies des täglichen Konsums zum Rohmaterial der Kunst. Die Werbung dafür wird als Propagandamaschine kleinbürgerlicher Ideologie entlarvt. Eine ganze Generation will heraus aus dem Muff der Nachkriegskultur. Für sie hat das traditionelle Kunstwerk ausgedient. Es geht darum, eine bürgerliche Vorstellung von Originalität und Einzigartigkeit zurückzuweisen. Die Skulpturen von Bruno Gironcoli grenzen sich fühlbar davon ab. Insgesamt haben seine Arbeiten dieser Jahre wenig gemein mit der deutlich lauteren, an ein Massenpublikum gerichteten Pop-Welle. Nicht ganz fern ist ihm jedoch auch der Aufstand gegen die als bigott, spießig und dumpf empfundenen 1950er-Jahre. Er interessiert sich für die marxistische Theorie und insbesondere die Frankfurter Schule um Adorno, Horkheimer und Marcuse. In diesem Sinne verwendet er zumeist arme Materialien. Schon in dieser frühen Werkphase sind die so perfekt golden, silbern oder bronzefarben erscheinenden glatten Oberflächen keine teuren Güsse. Das billige Polyester wird mit ebenso billiger Ofenblitzfarbe oder anderer günstiger Baumarktware angestrichen. So ist der Titel der Ausstellung *Super-Design* in der ersten Adresse der Wiener Avantgarde, der Galerie nächst St. Stephan, an der Gironcoli gemeinsam mit Roland Goeschl, Hans Hollein, Oswald Oberhuber und Walter Pichler teilnimmt, sicher auch mit einer gewissen Ironie verbunden.

Aber sie ist da, die Nähe zum Design, wenn auch nicht in allen Phasen seines Werks. Wir erinnern uns, selbst die monumentalen Werke, an denen er später arbeiten wird, nennt er »Broschen«.

Raumwinkel

Einen weiteren Wendepunkt in seinem Schaffen stellt vielleicht die zwischen 1965 und 1969 entstandene *Figur, auf einem Punkt stehend (Stimmungsmacher)* (Abb. 5) dar. Hier ist der Besucher eingeladen, die Form in Bewegung zu bringen und mit ihr zu interagieren. Dank einer ausgeklügelten Mechanik des Schwerpunkts schwingt die Skulptur immer wieder in die Ausgangsposition zurück. Damit bewegt sich Gironcoli weg von einem trotz aller innovativen Kraft doch relativ konventionellen Skulpturbegriff, hin zu einem komplexeren Umgang mit dem Raum und insbesondere mit dem Betrachter. Dieser wird im Folgenden als aktiver Protagonist gedacht, auch wenn die Szenarien, die Gironcoli entwirft, letztlich nicht verwendet werden. 1967 beginnt er mit einer neuen Werkgruppe, der Serie der *Raumwinkel*. In den 1970er-Jahren schafft er vor allem diese Art von Environments, die dem von Antonin Artaud geprägten Begriff des Theaters der Grausamkeit verbunden sind. Der Surrealist Artaud wollte die klassischen dramatischen Regeln außer Kraft setzen, die Stücke sollten stärker auf eine einmalige, körperliche und emotionale Erfahrung zielen.[9] Bettina M. Busse beschreibt diese Werkphase Gironcolis sehr treffend: »Es entstehen raumfüllende, geheimnisvolle und bedrohlich wirkende Objektinstallationen aus heterogenen Materialien – auch elektrische Kabel oder nicht funktionierende Lampen kommen ins Spiel –, die wie Überbleibsel einer Inszenierung wirken, von der sich Täter und Opfer entfernt haben. Übrig geblieben sind die Folterinstrumente, der Ort, an dem Unaussprechliches geschah, der Nachhall grausamer Rituale. Auch religiöse und politische Assoziationen stellen sich ein, wenn bestimmte Symbole – etwa eine Madonna oder eine rückgratähnliche Säule – ihren Aufenthaltsort mit Klomuscheln oder einem verkehrt laufenden Hakenkreuz teilen müssen. Zum ersten Mal werden Gegenstände aus dem alltäglichen Leben in die Skulptur eingebunden. Allerdings sind sie nicht wirklich nutzbar.«[10] Dennoch sind Gironcolis *Raumwinkel* Bühnen für Handlungen, die gleichzeitig eng mit den performativen Arbeiten des Wiener Aktionismus verbunden sind. Die damalige junge Künstlergeneration richtet ihr Auge auf gesellschaftliche Gewalt, Sexualität, Folter, den nicht verarbeiteten Faschismus. In dieser Zeit beschwören Gironcolis Environments kafkaeske Szenarien herauf, klinisch gekachelt, scheinbar unter Strom gesetzt. »Nach Auschwitz ein Gedicht zu schreiben, ist barbarisch«, sagte Adorno.[11] Bei Gironcoli tauchen Hakenkreuze neben Totenköpfen auf, wie etwa in der Installation *Säule mit Totenkopf* (Abb. 6) aus dem Jahr 1971, immer wieder auch in seinen Zeichnungen. Dies ist wahrscheinlich die finsterste Phase seines Schaffens.

Wien

Das Klima in Wien zu dieser Zeit war explosiv. Die 1950er- und 1960er-Jahre waren dominiert von der katholisch-konservativ geprägten österreichischen Hochkultur. »Modernismen wurden schlicht aus dem Kanon der Hochkultur eliminiert, öffentlich abgewertet, boykottiert. Die lokale Wiener Avantgarde musste an die offiziell verfemten (oder inoffiziell verbannten) Modernen Anschluss suchen, statt sie radikal zu revidieren.«[12] Modernismus wurde regelrecht geahndet. In vorderster Front standen die Wiener Aktionisten, sie vor allem nahmen das starre, bürgerliche Kunstverständnis ins Visier, gemeinsam mit den Literaten der Wiener Gruppe. Friedrich Achleitner und Gerhard Rühm von der Wiener Gruppe zertrümmerten 1959 ein Klavier. Dann gab es 1968 die legendäre Aktion *Kunst und Revolution* der Wiener Aktionisten an der Wiener Universität, die massive Ressentiments nach sich zog. Günter Brus, Otto Mühl und Oswald Wiener wurden verhaftet und saßen sieben Wochen in U-Haft. Brus traf es am schlimmsten, er wurde zu sechs Monaten ohne Bewährung verurteilt. Die Bücher von Hermann Nitsch und Otto Mühl, Teile des Werks von Wiener sowie das Gesamtwerk von Günther Brus wurden in Österreich verboten. H.C. Artmann ging nach Schweden, Gerhard Rühm 1964 nach Berlin, ebenso wie Brus und Wiener. Gerhard Rühm schrieb 1970 erbittert aus dem Berliner Exil: »seit dem krieg fördert die österreichische kulturpolitik ein als tradition firmierendes ›donauösterreichisches‹ epigonentum und verfolgt die originalität, wo diese sich zeigt.«[13] Unter den Kulturschaffenden in Österreich hatte sich eine Stimmung der Hoffnungslosigkeit breitgemacht: »der enorme druck [...] hat fast alle nennenswerten österreichischen schriftsteller der jahrgänge ab 1930 zur emigration veranlasst (das gleiche gilt für die originaleren maler und aktionskünstler).«[14]

Gruppierungen sind Gironcolis Sache nicht. »Der Gironcoli war immer, was ich gesehen habe, zum Einzelgängertum geneigt«, schreibt sein Schüler Franz West.[15] Gironcoli streift das Geschehen nur am Rande. Seine Installationen der 1970er-Jahre zeigen dennoch eine gewisse Affinität zum Wiener Aktionismus und den Texten der Wiener Gruppe. Deutlich sind die *Raumwinkel* dem Wiener Aktionismus im Begriff des Handelns verbunden, deutlicher als in seinen frühen und auch in seinen späteren monumentalen Arbeiten werden hier der Betrachter, die Betrachterin als Protagonisten einer Szene begriffen. Auch thematisch zeigen diese Werke Verbindungen – häufig tauchen Hakenkreuze auf, dazu rebellieren explizite sexuelle Darstellungen gegen das bigotte, repressive moralische Klima. Auch dies ist eine Parallele zu den körperbetonten, tabubrechenden Strategien der Aktionisten. Anders jedoch als diese, die mit ihrer performativen Praxis plakative Angriffe auf einen traditionellen Werkbegriff unternehmen, bleibt Gironcoli – wie er selbst beinahe entschuldigend verlauten lässt – der »rückschrittlichen« Skulptur verbunden. Die Einflüsse der Wiener Aktionisten synthetisiert er mit der Arte Povera, der neuen Figuration, dem Objektbegriff eines Marcel Duchamp und dem sich langsam etablierenden neuen Medium des Environments und findet damit wiederum zu einer eigenen Sprache.

Die Prototypen

Bis zum Ende seines Schaffens arbeitet Gironcoli schließlich an Großskulpturen, den sogenannten *Prototypen*. Mit der wiederum neuen Werkgruppe hat sich der Künstler endgültig freigespielt. Es sind vor allem diese seit 1977 entstandenen monumentalen Skulpturen, die ihn zur Referenz für die jüngere

Bildhauergeneration gemacht haben. Sie bieten eine fließende Verbindung von erkennbaren und ornamentalen Formen, die vegetabilisch wuchern. Mechanistische, maschinenartige Elemente vereinigt er mit plakativen Symbolen und provokativen Schnörkeln. Es sind körperhafte Kunstwerke, die in vielerlei Hinsicht mit unserer Wahrnehmung spielen. Nicht ohne Witz sind sie, denn augenzwinkernd gibt Gironcoli auch ihnen eine edle Haut in Gold, Silber oder Bronze, was die Werke wie gegossen erscheinen lässt. Das sind sie aber keineswegs, nur wenige existieren tatsächlich als Güsse in Aluminium. Ihrer edlen Erscheinung zum Trotz besteht ihr Inneres aus diversen Metallen, Eisen, Aluminium, Zinn, Messing. Oft sind es Stangen, Rohre und Bleche, die in die gewollte Form gebracht werden, beziehungsweise Holz-Eisen-Konstruktionen, bei deren Herstellung Assistenten dem Künstler zur Hand gehen müssen. Für eine lange Zeit besteht diese Crew aus polnischen Bauarbeitern.

Schauen wir uns ein Beispiel an: Ein goldenes Gerüst – hoch ragt es auf, steht auf breiten, sicheren Füßen, solide aufeinandergestapelte, verschachtelte Podeste sind die konstruktiven Elemente, darauf eine Spange, ein schmucker Bogen, das thronende Element ist ein hinter Röllchen versteckter Murphy (dazu später mehr). Die eigentlich klare abstrakte Konstruktion des Werks *Ohne Titel* aus den Jahren 1992 bis 1995 (S. 12/13) wird ständig durch das Irrationale des Gegenständlichen gestört, das immer wieder herausbricht, wächst, formt, sich formiert. Der Blick fällt auf merkwürdige Details. Da gibt es Hörnchen, Babys mit Hasenohren, schüsselartige Elemente, Kugeln, amorphe Formen.

Gironcoli selbst spricht von einer »Maßlosigkeit, die ich brauche, um manchmal einer bildhauerischen Idee und Qualität nachzugehen«.[16] Diese Maßlosigkeit äußert sich bei weitem nicht allein in der monumentalen Dimension, die die Arbeiten dieser reifen Werkphase haben. Dem Künstler gelingen anspielungsreiche, überaus komplexe Gebilde, die zugleich ästhetisch reizvoll und vielschichtig in ihren Bedeutungen sind. Sie verbinden Mechanik und Organismus, Psychisches und Technisches. Interessant erscheint dabei, dass Freud selbst sich bei der Ausarbeitung seiner Theorien vielfach technischer Metaphern und Modelle bediente, wie Peter Weibel

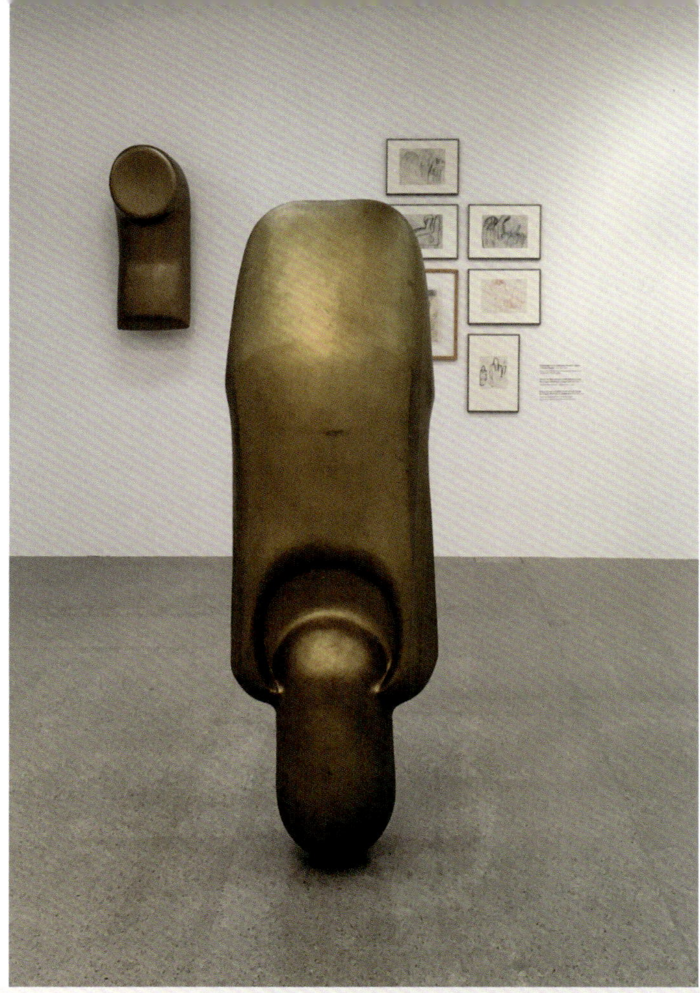

Abb. 5
Figur, auf einem Punkt stehend (Stimmungsmacher),
ca. 1965–1969
Polyester, Goldfarbe, integrierter Schwerpunkt aus Blei
ca. 173 × 65 × 45 cm
Neue Galerie Graz am Universalmuseum Joanneum, Leihgabe der Artothek des Bundes

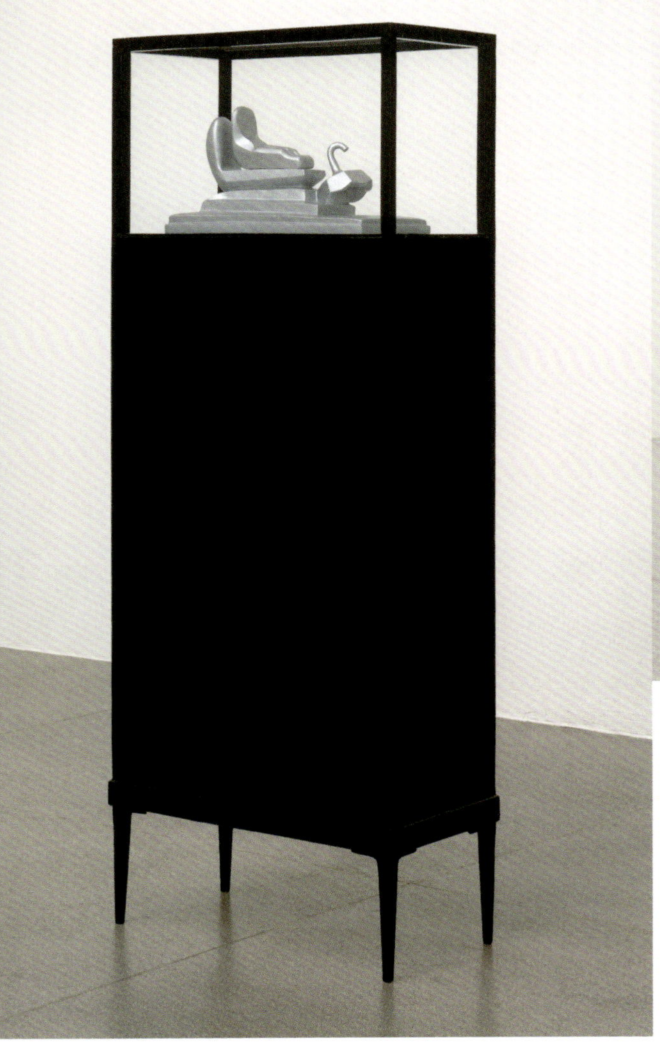

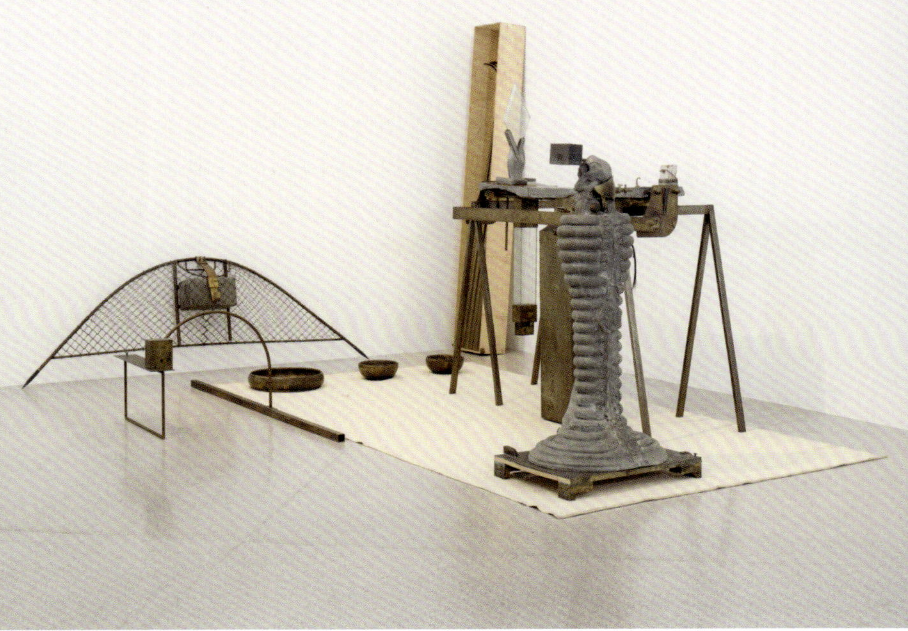

Abb. 6
Säule mit Totenkopf,
1971–1974
Bronze, Eisen, Glas, Gummi, Holz, Messing, Seife, Textil, Zinkguss
252 × 480 × 370 cm
mumok – Museum moderner Kunst Stiftung Ludwig Wien, Leihgabe der Österreichischen Ludwig-Stiftung

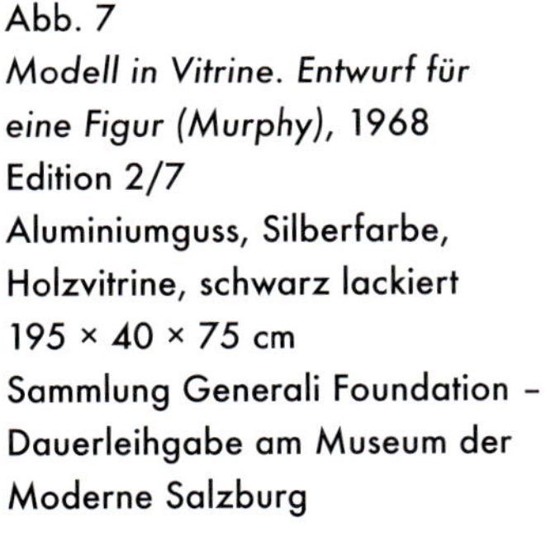

Abb. 7
Modell in Vitrine. Entwurf für eine Figur (Murphy), 1968
Edition 2/7
Aluminiumguss, Silberfarbe, Holzvitrine, schwarz lackiert
195 × 40 × 75 cm
Sammlung Generali Foundation – Dauerleihgabe am Museum der Moderne Salzburg

einmal anmerkte. So sprach Freud vom psychischen Mechanismus, dem seelischen Apparat oder von psychischen Automatismen.[17] Ebenfalls interessant ist in diesem Zusammenhang der von Deleuze und Guattari entwickelte Begriff der Wunschmaschine: »Im 1972 erschienenen Werk *Anti-Oedipe* von Félix Guattari und Gilles Deleuze wird mit einer Theorie der ›machines désirantes‹ alles zur Maschine, vom Begehren bis zum Kapitalismus. Dabei kann der Begriff der Maschine verstanden werden als laufendes Arrangement heterogener Teile, das alles sein kann, was sich als Maschine auf den verschiedenen ontologischen Registern und Trägern entwickelt und das auch technische Objekte umfassen kann.«[18] Gironcolis *Prototypen* könnte man sich als derartige Maschinen vorstellen. Häufig wurden an diese Werke psychoanalytische Fragestellungen herangetragen. Und sie sparen nicht mit Einladungen für ein solches Vorgehen. Immer wieder wird dabei auf die Figur der Mutter hingewiesen, die in Gironcolis Werk eine zentrale Rolle einnimmt und nicht selten als Reflex auf seine eigene Biografie interpretiert wird. »Wie gewalttätig Sprache sein kann, hatte er als Kind erfahren, als seine Mutter ihm gestand, sie wäre glücklicher gewesen, hätte sie ihn nicht zur Welt bringen müssen. Später verließ sie die Familie«, berichtet beispielsweise Martin Titz.[19] Auch Donald Kuspit entwickelt eine psychoanalytische Perspektive, wenn er schreibt: »Es ist hinlänglich bekannt, dass sich viele Künstler ihre Werke als ihre Kinder denken, nur bei Gironcoli wurden die Rollen getauscht. Er selbst ist das Kind seines Werkes.«[20] Kuspit spielt darauf an, dass Gironcoli in seinen Werken plakativ mit der Urfantasie der Familie ringt und sich zeitlebens an der Figur der Mutter abarbeitet. Abzulesen ist das an den Titeln, die er selten, aber doch phasenweise zum Einsatz bringt, wie etwa *Gebärmutter* (1986–1990) und *Mutterfigur* (1985–1989). Auf das Elternpaar beziehen sich die Arbeiten *Väterliches Mütterliches. Eine fiktive Modellvorstellung* (1986), *Engerling und seine Eltern* (1984–1989) oder auch *Die Eltern mit zwei Tischaufsätzen* (1989/90). *Ein Körper, Zwei Seelen* (2001) (S. 22/23) könnte man sich ebenfalls aus einem solchen Kontext erklären.

Sexualität ist in seinen Monumentalskulpturen meist unterschwellig präsent oder, besser gesagt, stets latent vorhanden. Ein Weinfass hat eine Vulva und ist mit altertümlichen Fruchtbarkeitssymbolen wie Ähren, Weintrauben und Weinblättern umgeben (S. 18–21). Voll verborgener oder vielleicht nur verschlüsselter Energie, ist allen Skulpturen eine symbolisch aufgeladene Körperlichkeit zu eigen. Ihre Potenz ist unergründlich, aber offenkundig vorhanden. Auch das Unheimliche ist allgegenwärtig in diesen monumentalen Maschinen. Sind es erstarrte Gebilde, die jeden Moment zum Leben erweckt werden können? Manche stehen auf langen Beinen, vielleicht fangen sie an zu laufen, wenn wir uns kurz abwenden. Andere wiederum scheinen bedrohlich oder zumindest einschüchternd. In unserer Abwesenheit beginnen sie ihr eigenes Leben und sind nur für den Moment unserer Betrachtung erstarrt – all das scheint plausibel oder ist zumindest vorstellbar. Surrealismus kontert Gironcoli mit Science-Fiction.

In seinem späten Werk erscheinen immer wieder diese Säuglinge. *Flammenkranz mit Baby* ist der Titel seiner letzten Skulptur aus dem Jahr 2006. Die Ausstellung *Die Ungeborenen* fasste 1996 im Wiener Museum für angewandte Kunst eine ganze Gruppe seiner Großskulpturen unter diesem Thema zusammen. Auch taucht das Baby im Feuerkranz als Versatzstück in einer weiteren Großskulptur auf, *Ohne Titel* aus dem Jahr 2002 (S. 24–27). Die Säuglinge sind auf einer Art Rutsche angeordnet, statisch und doch dynamisch sind sie auf einen Bogen gesetzt. Kaum kann man ausmachen, ob sie in einer Bewegung eingefroren sind. Diese Babys sind blicklos, ohne Augen, und tragen ein Kreuz auf dem Bauch. Sie sind eindeutig männlich oder weiblich, mit kahlem Kopf und leeren Zügen, mehr Vorstellung als Körper. Sind sie lebendige Wesen? Unheimlich, untot, roboterhaft, einer Fabrik entsprungen oder von Aliens gezeugt – all das scheint wahrscheinlicher. Die leeren Augen der seltsamen Säuglinge stehen für das Unheimliche, das hinter dem Vertrauten lauert. Im unteren Teil dieser Skulptur schlagen dann schließlich Flammen aus den kleinen Körpern, fast scheinen sie die Szenerie zu befeuern, gefangen in einem seltsamen Ritual.

Bekrönt wird das Ganze mit einem Element, das Gironcoli bereits früh in seinem Schaffen erarbeitet und wieder und wieder verwendet hat – Murphy. Zuerst erscheint dieser Murphy 1968 als *Modell in Vitrine. Entwurf für eine Figur (Murphy)* (Abb. 7). Varianten dieser Figur spielen in Gironcolis modulartig aufgebauten Skulpturen eine zentrale Rolle, nicht zu vergessen thront sie stets in exponierter Lage auf den Werken, so auch in einer bronzefarbenen Version bei *Ohne Titel* (1996) (S. 14–17). *Murphy* ist der erste Roman von Samuel Beckett, den er 1938 veröffentlichte. In diesem stark autobiografisch gefärbten Werk beschreibt Beckett einen arbeitslosen Sonderling. Eine seiner bevorzugten Arten, seine Tage zu verbringen, besteht darin, sich selbst nackt an einen Schaukelstuhl zu fesseln, diesen in Schwung zu bringen und dann regungslos darin zu verharren, bis der Stuhl und er zur völligen Ruhe kommen. Murphy kann den Zwängen des täglichen Lebens nur mit dieser grotesken Form von mystischer Versenkung begegnen, die einer gewissen Komik nicht entbehrt. Murphy steht für die Absurdität des menschlichen Strebens. Die Figur des Romans ist exemplarisch für ein Außenseitertum, dem sich Gironcoli offenkundig verbunden fühlte. Die Weigerung, sich dem Diktat der alltäglichen Notwendigkeiten zu unterwerfen, spiegelt sich nicht zuletzt in einer ebensolchen Weigerung zur Anpassung in seinem Werk.

»Überlegungen zu einer konventionellen Kunstform Bildhauerei« lautet der Titel einer programmatischen Schrift, mit der Bruno Gironcoli auf der Höhe seines Schaffens Fragen, Antworten und Probleme seiner künstlerischen Arbeit darlegt.[21] Der überaus tiefsinnige und komplexe Text, der in einer sehr eigenen Sprache verfasst ist, entkräftet den häufig wiederholten Mythos der österreichischen Kunstgeschichte, der Gironcoli als Outsider darstellt, der weniger intellektuell als intuitiv vorgeht. Er schreibt dieses Manifest fünf Jahre nach seiner Ernennung zum Professor an der Akademie, fünf Jahre nachdem er in das geräumige Atelier im Prater gezogen ist, zu einer Zeit, in der die Werkgruppe der monumentalen *Prototypen* zu wachsen beginnt. Zum Teil greift er Erkenntnisse aus seiner zurückliegenden Werkphase auf, etwa wenn er »den Platz des Vor-das-Publikum-Tretens als politische Dimension« beschreibt und sich eine Arbeit wünscht, die »auf die Emanzipation des Betrachters« setzt. Für ihn ist die Bildhauerei aber auch ein »Mittel mit Magie«, ebenso wie eine »handwerkliche Denkform«. »Das in seiner Fülle nicht erfassbare und fort-

1) Peter Noever, »Apparate der Entblößung und Verblüffung«, in: *Bruno Gironcoli. Die Ungeborenen*, hrsg. von Peter Noever, Ausst.-Kat. MAK – Österreichisches Museum für angewandte Kunst, Wien, Ostfildern 1997, S. 6; Werner Hofmann, »Riesenspielzeuge«, in: Bettina M. Busse (Hrsg.), *Bruno Gironcoli. Die Skulpturen 1956–2008*, Ostfildern 2008, S. 8.

2) Bruno Gironcoli, zit. nach: Armin Zweite, »Eine Utopie der Selbsttröstung. Bruno Gironcoli über sich und seine Arbeit«, in: *Bruno Gironcoli. Bildhauerische Arbeiten 1980–1990*, Ausst.-Kat. Museum moderner Kunst / Museum des 20. Jahrhunderts Wien, Klagenfurt 1990, S. 15.

3) Kasper König, »Selbsttötung als Utopie«, in: *Bruno Gironcoli*, Ausst.-Kat. Biennale di Venezia, Österreichischer Pavillon, Köln 2003, S. 8; Donald Kuspit, »Die Muttermaschine: Bruno Gironcolis Skulpturen«, in: Kat. Wien 1997 (wie Anm. 1), S. 13; Hofmann 2008 (wie Anm. 1); Peter Weiermair, in: *Bruno Gironcoli. Skulpturen – Arbeiten auf Papier*, Ausst.-Kat. Galerie Elisabeth & Klaus Thoman, Innsbruck 1992, o. S.; Peter Gorsen, »Das zweigeteilte Individuum und die ideelle Freiheit. Der Bildhauer Bruno Gironcoli«, in: *Bruno Gironcoli. In der Arbeit schüchtern bleiben. Arbeiten auf Papier*, hrsg. von Manuela Ammer, Ausst.-Kat. Museum moderner Kunst Stiftung Ludwig, Wien, Köln 2018, S. 88; Zweite 1990 (wie Anm. 2), S. 16.

4) Robert Fleck, »Bruno Gironcoli. Skulptur als Leben«, in: Noemi Smolik und Robert Fleck (Hrsg.), *Kunst in Österreich*, Köln 1995, S. 66.

5) Wolfgang Drechsler und Dieter Schrage, »Über Ausstellung, Bildhauerschule, Bildhauerei – Ein Gespräch mit Bruno Gironcoli«, in: Kat. Wien 1990 (wie Anm. 2), S. 19.

6) Zweite 1990 (wie Anm. 2), S. 15.

7) Jean-Paul Sartre, *Der Existentialismus ist ein Humanismus und andere philosophische Essays (Jean Paul Sartre, Gesammelte Werke in Einzelausgaben, Philosophische Schriften 4)*, Reinbek bei Hamburg 2000 (frz. Erstausgabe 1946).

während in Auflehnung begriffene Kunstwerk« weist jedoch deutlich auf sein nach 1977 entstehendes Hauptwerk, die monumentalen *Prototypen*. Offenen Auges widersteht er den Tendenzen seiner Zeit, wenn er von seinem Werk als »romantisch in seinem Anachronismus« spricht, das für ihn ein zur »Selbsterhaltung gebautes Wunschbild« darstellt. »Die Skulptur ist Flucht-Traum, Tag-Traum«, sie spiegelt »die dunklen Ängste von gestern und die dunklen Ängste von morgen, und die Arbeit ist das kurze angstfreie Jetzt«.

Verschiedene Motive tauchen in dieser Schrift auf, die uns helfen, dieses sich zeitweise etwas kryptisch gebende Universum besser zu verstehen. Vielleicht greift die Bezeichnung Hybrid am besten. Sie passt zu dem wenig Statischen, das diese massiven und monumentalen Skulpturen in Bewegung hält. Sie passt zu dem ewig Unfertigen der Werke, die immer wieder neu zusammengesetzt werden. Sie passt zu den Einzelformen, die immer wieder bewegt werden und zu neuen Einheiten, neuen Skulpturen zusammenwachsen. Ihre Eigenschaft ist das Dazwischen. Gleiches gilt für den Anschluss an zeitgenössische Auffassungen von Kunst, wie etwa die Beteiligung des Betrachters oder aber die Integration von politischen, sozialen und psychologischen Aspekten in die Wirkung des Kunstwerks, Aspekten, denen Gironcoli mit schelmischem Traditionalismus begegnet. Hierin erscheint sein Werk postmodern avant la lettre. Seinen Arbeiten ist eine Offenheit zu eigen, die sich nicht zuletzt auch darin spiegelt, dass sie selten Titel tragen. Auch das würde sie zu stark festlegen. Und auch die Goldfarbe ist laut dem Künstler nur eine Zwischenlösung, eine Vorstufe für einen späteren Guss. Die Skulpturen sind gegenständlich und abstrakt, sie sind fremdartig und vertraut. Sie sind Avantgarde und irgendwie auch volkstümlich. Sie sind großmäulig monumental und fein gedacht. Sie sind der entschieden ausgeformte Raum zwischen den Dingen, Moden und Zeiten.

8) Jean-Paul Sartre, *Das Sein und das Nichts. Versuch einer phänomenologischen Ontologie (Jean Paul Sartre, Gesammelte Werke in Einzelausgaben, Philosophische Schriften* 3), Reinbek bei Hamburg 1993 (frz. Erstausgabe 1943).

9) Siehe Antonin Artaud, *Das Theater und sein Double (Antonin Artaud, Werke in Einzelausgaben* 8), Berlin 2012, darin »Das Theater der Grausamkeit (Erstes Manifest)«.

10) Bettina M. Busse, »Bruno Gironcoli«, in: *Bruno Gironcoli*, Ausst.-Kat. Galerie Elisabeth & Klaus Thoman, Innsbruck o.J., S. 9.

11) Theodor W. Adorno, »Kulturkritik und Gesellschaft« (1949), in: *Kulturkritik und Gesellschaft I, »Prismen ohne Leitbild« (Gesammelte Schriften* 10.1), Frankfurt am Main 1977, S. 30.

12) Siegfried Mattl, »Autoritäre Modernisten und skeptische Avantgarde. Österreich um 1959«, in: *Die Wiener Gruppe*, hrsg. von Wolfgang Fetz, Ausst.-Kat. Kunsthalle Wien 1999, S. 19.

13) Gerhard Rühm, »Oswald Wiener, berlin, 17.9.1970«, in: Kat. Wien 1999 (wie Anm. 12), S. 30.

14) Ebd., S. 33.

15) Franz West, »Die ausgezogene Frage«, in: Kat. Wien 1997 (wie Anm. 1), S. 61.

16) Drechsler/Schrage 1990 (wie Anm. 5), S. 20.

17) Peter Weibel, »Masochismus als post-phallisches Mandat«, in: *Phantom der Lust. Visionen des Masochismus in der Kunst*, hrsg. von Peter Weibel, Ausst.-Kat. Neue Galerie Graz am Landesmuseum Joanneum, München 2003, Bd. 2, S. 25.

18) Ebd.

19) Martin Titz, »›Mein Ziel war ein ästhetisches‹. Über Bruno Gironcoli und seine rätselhaften Großskulpturen«, in: Margherita Spiluttini, *Bruno Gironcoli*, Wien 2012, o.S.

20) Kuspit 1997 (wie Anm. 3), S. 13.

21) Bruno Gironcoli, »Überlegungen zu einer konventionellen Kunstform Bildhauerei«, in: *Protokolle. Zeitschrift für Literatur und Kunst*, 2, 1984, S. 162–177.

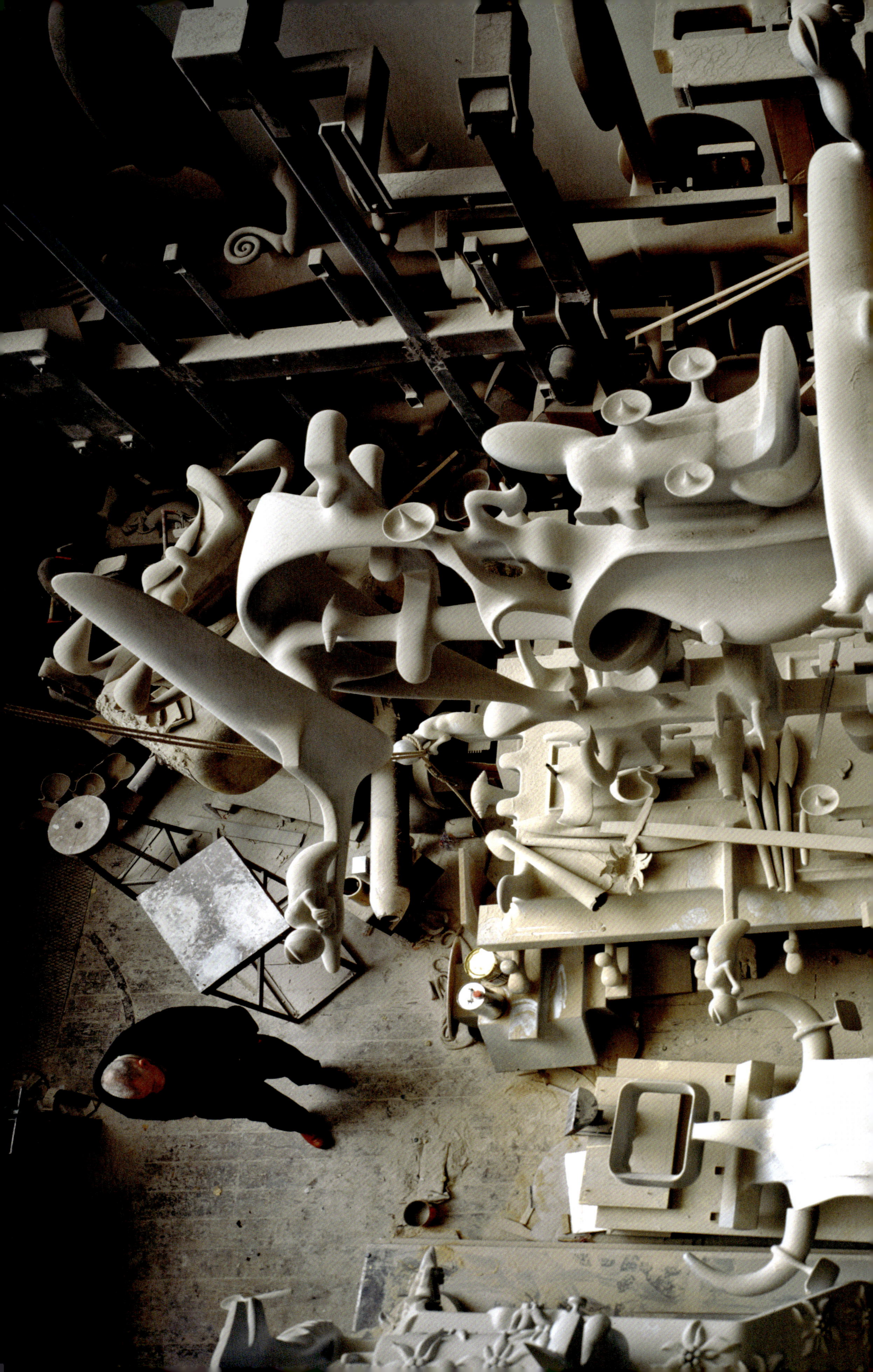

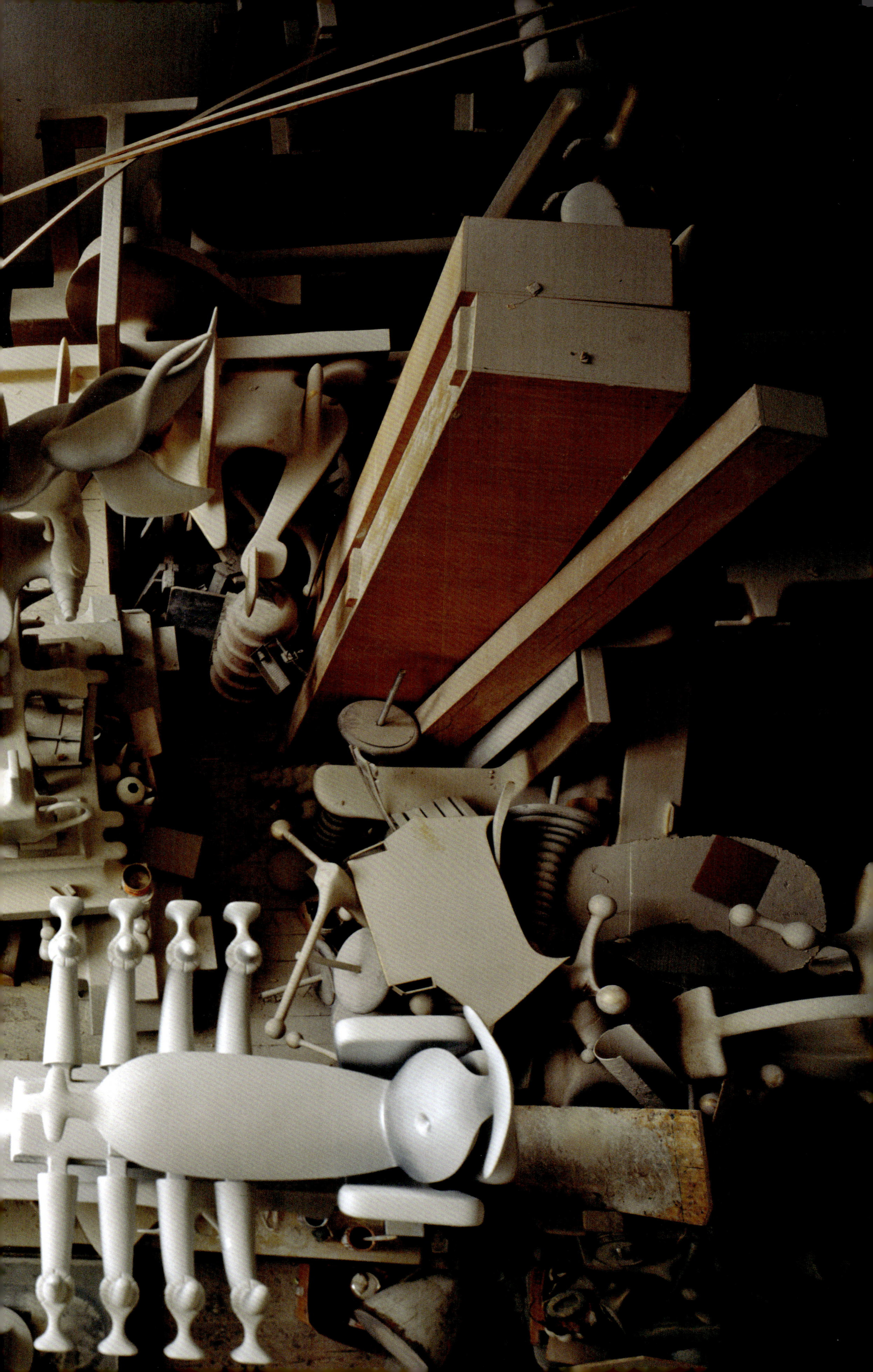

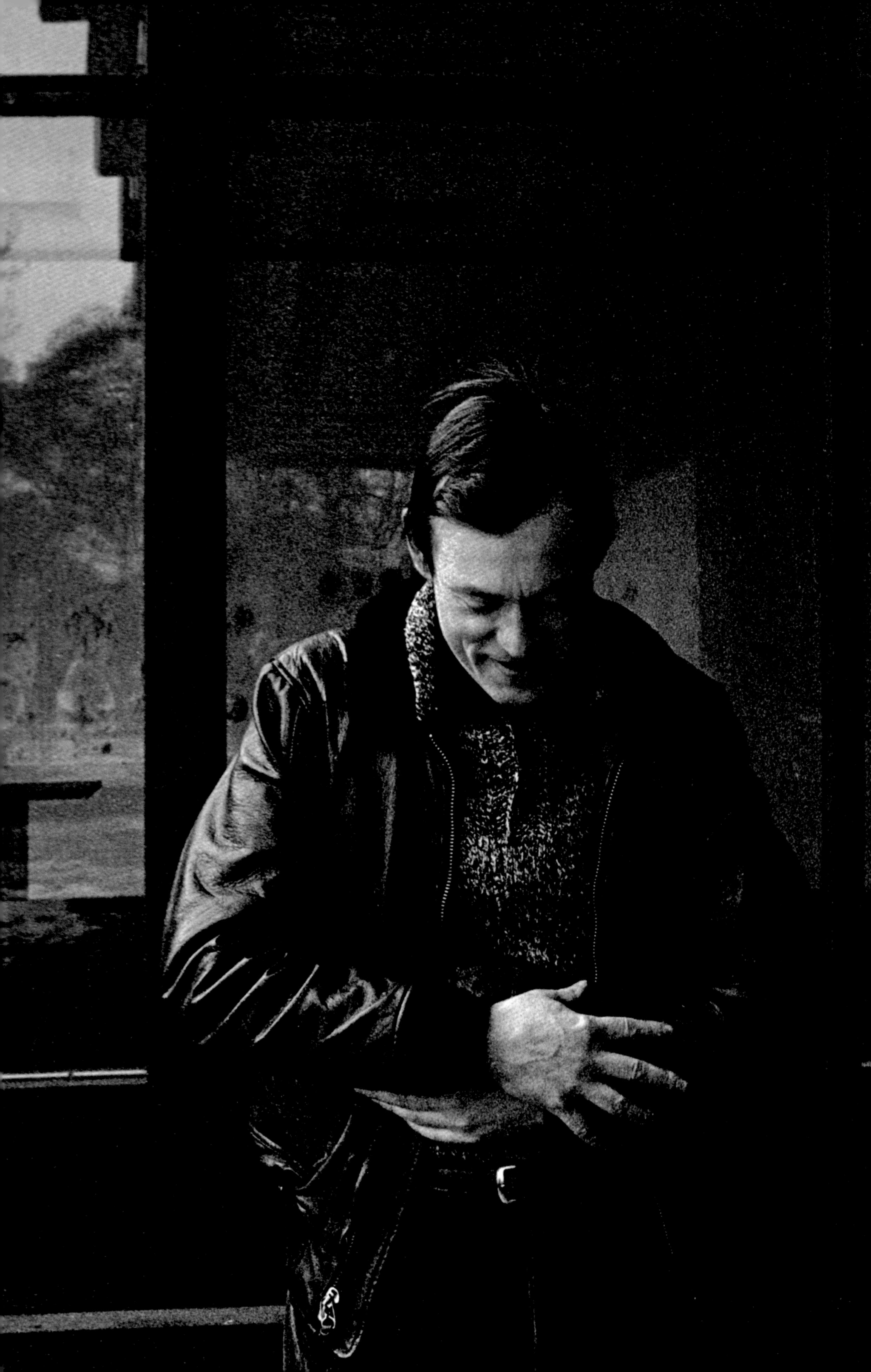

Biografie

Rebecca Herlemann

1936 Bruno Gironcoli kommt am 27. September in Villach, Kärnten, zur Welt.

1947 Als die Eltern sich trennen, bleiben Bruno und seine beiden Brüder Paul und Heinrich beim Vater. Die Mutter wandert 1949 mit ihrem zweiten Mann nach Amerika aus – ein Umstand, der Gironcolis gesamtes Werk prägen wird.

1951 Bruno Gironcoli beginnt in Innsbruck eine Ausbildung zum Gold-, Silber- und Kupferschmied, die er 1956 mit der Gesellenprüfung abschließt. Mehr und mehr entwickelt er ein Interesse an Malerei, was ihn zu häufigen Recherchen in der Bibliothek des Institut français anregt, wo er die französische Kunst studiert.

1957 Nach einigen Monaten als Gasthörer an der Akademie für angewandte Kunst in Wien nimmt Bruno Gironcoli 1957 dort sein Studium der Malerei bei Professor Eduard Bäumer auf. Seine ersten Bilder und Zeichnungen folgen einer figurativen Sprache. Erste Drahtplastiken entstehen.

1961 Mit einem Stipendium des Landes Tirol verbringt Bruno Gironcoli ein Jahr in Paris. Er interessiert sich besonders für Porträts und fertigt fast ausschließlich Zeichnungen. Eine wichtige Anregung wird Alberto Giacometti. Zunehmend setzt sich Gironcoli mit dem französischen Surrealismus und dem Gedankengut des Existentialismus auseinander; er liest Jean-Paul Sartre und Samuel Beckett. Zudem interessiert er sich für die Ideen der Frankfurter Schule sowie die Lehren von Karl Marx.

1962 Zurück aus Paris, wechselt Bruno Gironcoli in die Metallbearbeitungsklasse an der Akademie für angewandte Kunst in Wien. Im selben Jahr heiratet er Christine Melichar, und die gemeinsame Tochter Ina kommt zur Welt. Gironcoli fertigt nach wie vor hauptsächlich Zeichnungen sowie Akt- und Porträtstudien und setzt seine Arbeit an den Drahtplastiken fort.

1964 Ausgehend von Modellen aus Pappmaché, beginnt er, erste Objekte aus Polyester zu formen. Parallel entstehende Arbeiten auf Papier dienen oftmals der Entwicklung und Vorformulierung der Skulpturen und verweisen in der Darstellung auf bildhauerische Gegenstände.

1967 Bruno Gironcoli hat in der Galerie Heide Hildebrand in Klagenfurt seine erste Einzelausstellung. Gezeigt werden neuere Polyesterarbeiten. Er beginnt mit der Arbeit an der Serie der *Raumwinkel*, die ihn bis ca. 1972 beschäftigen. Unter dem Einfluss von

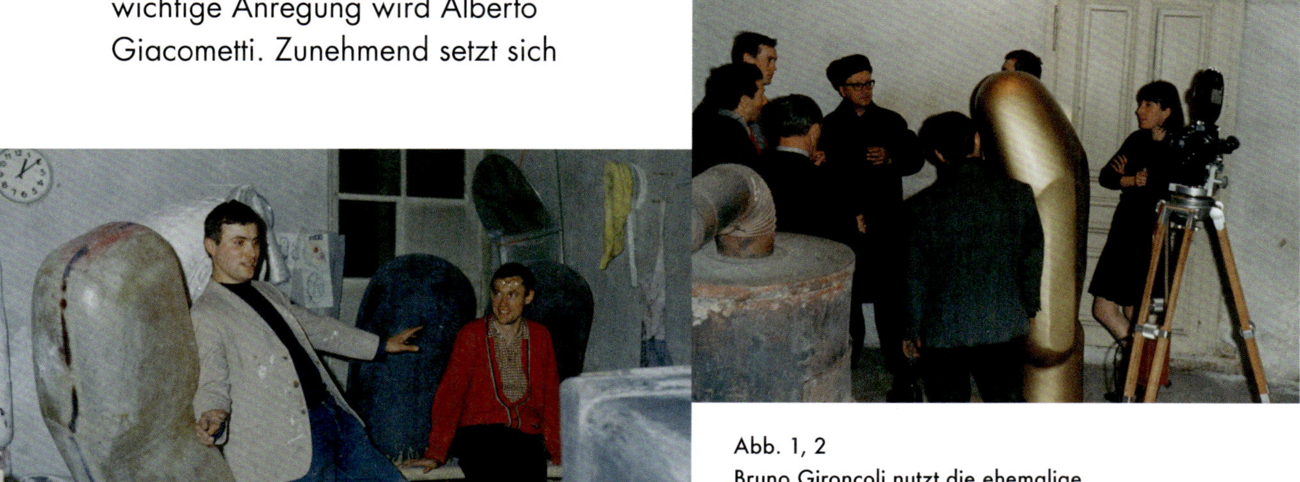

Abb. 1, 2
Bruno Gironcoli nutzt die ehemalige Wäscherei seiner Schwiegereltern für die Produktion seiner Polyesterarbeiten, um 1965

Wiener Aktionismus, Performance und Happening verlagert sich sein Interesse vom Einzelobjekt auf die Installation. Gironcoli entwickelt eine Form der »offenen Skulptur«, die weitläufig im Raum installiert wird.

1968 Für Bruno Gironcoli beginnt eine rege Ausstellungstätigkeit. 1968 eröffnet die Ausstellung *Super-Design* in der Galerie nächst St. Stephan in Wien, an der sich außer ihm auch Roland Goeschl, Hans Hollein, Oswald Oberhuber und Walter Pichler beteiligen und die den Auftakt zu einer Folge regelmäßiger Einzelausstellungen Gironcolis in dieser Galerie darstellt. Deren Leiter Monsignore Otto Mauer wird einer seiner ersten Sammler und Förderer. Gironcoli entwickelt die Sitzfigur *Murphy*, benannt nach dem gleichnamigen Roman von Samuel Beckett, die sich als variable Form durch alle kommenden Schaffensphasen ziehen wird.

1969 In der Galerie im Taxis-Palais in Innsbruck erhält Bruno Gironcoli eine Einzelausstellung.

1970 Im Museum des 20. Jahrhunderts in Wien werden frühe Drahtplastiken und Zeichnungen Gironcolis ausgestellt. Die Frankfurter Galerie Appel & Fertsch zeigt die erste Einzelausstellung seiner Arbeiten in Deutschland. Zeitgleich ist Gironcoli an der Ausstellungsreihe *14 x 14* in der Staatlichen Kunsthalle Baden-Baden beteiligt.

1971 Bruno Gironcoli vertritt gemeinsam mit Arnulf Rainer Österreich auf der XI. Bienal de São Paulo. Kommissar des österreichischen Beitrags ist Carl Unger, der Rektor der Hochschule für angewandte Kunst in Wien. Gironcoli zeigt Skulpturen und Papierarbeiten.

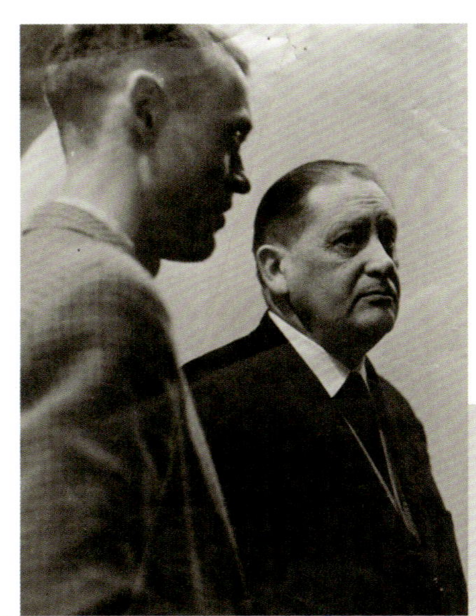

Abb. 3
Bruno Gironcoli mit Monsignore Otto Mauer, dem Leiter der Galerie nächst St. Stephan, Wien, um 1968

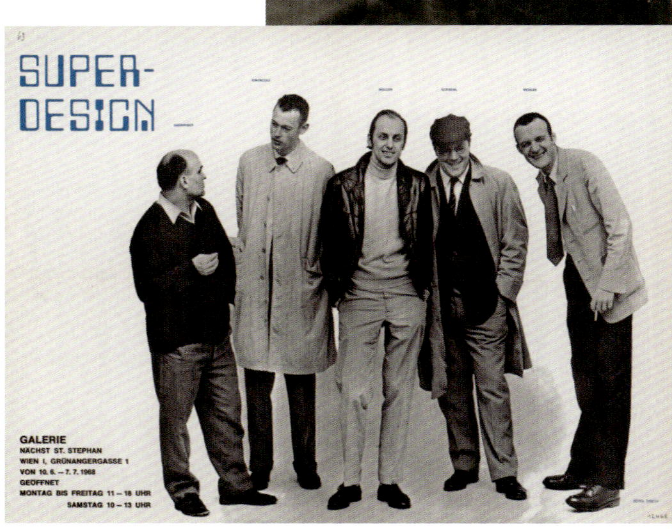

Abb. 4
Plakat der Ausstellung *Super-Design*, Galerie nächst St. Stephan, Wien, 1968

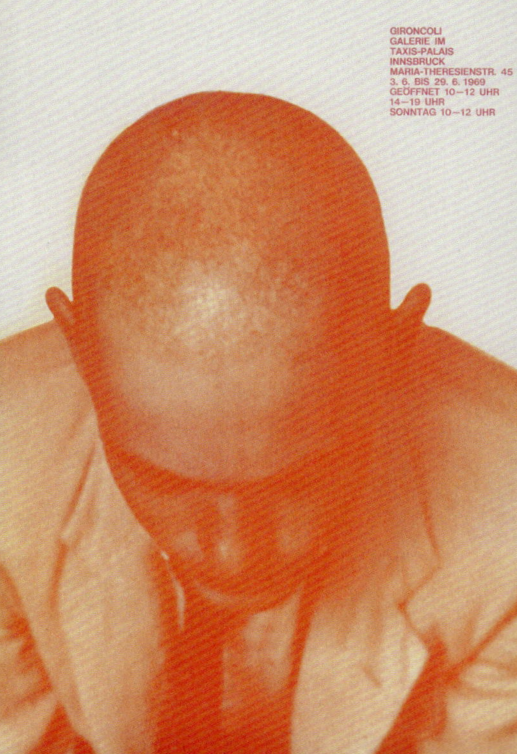

Abb. 5
Plakat der Ausstellung *Gironcoli*, Galerie im Taxis-Palais, Innsbruck, 1969

1972 Die Galerie Krinzinger präsentiert in ihrer Niederlassung in Bregenz *Zeichnungen und Objekte* von Bruno Gironcoli. Daraus entsteht eine langjährige Zusammenarbeit.

1977 Peter Weiermair kuratiert im Museum des 20. Jahrhunderts in Wien die erste umfassende Werkschau der Arbeiten Gironcolis. Die Ausstellung reist weiter in die Städtische Galerie im Lenbachhaus in München. Bruno Gironcoli übernimmt die Leitung der Bildhauerschule der Akademie der bildenden Künste Wien und tritt damit die Nachfolge von Fritz Wotruba an. Dadurch stehen ihm fortan große Atelierräume zur Verfügung, die das Erscheinungsbild seiner Arbeiten entscheidend beeinflussen.

1979 Die Galerie Elisabeth & Klaus Thoman präsentiert in Innsbruck die Gruppenausstellung *Medium Zeichnung*. Es entwickelt sich eine langjährige Zusammenarbeit.

1981 Der Frankfurter Kunstverein unter Peter Weiermair organisiert eine Einzelausstellung der Arbeiten Bruno Gironcolis.

1986 Beim Steirischen Herbst zeigt Gironcoli im Künstlerhaus Graz erstmals die raumgreifende Arbeit *Väterliches Mütterliches. Eine fiktive Modellvorstellung*.

1989 Bruno Gironcoli erhält die zum ersten Mal vergebene Auszeichnung Österreichischer Skulpturenpreis der Ersten Allgemeinen Generali-Foundation. Er ist in mehreren internationalen Gruppenausstellungen vertreten.

Abb. 6
Ausstellung in der Galerie nächst St. Stephan, Wien, 1968

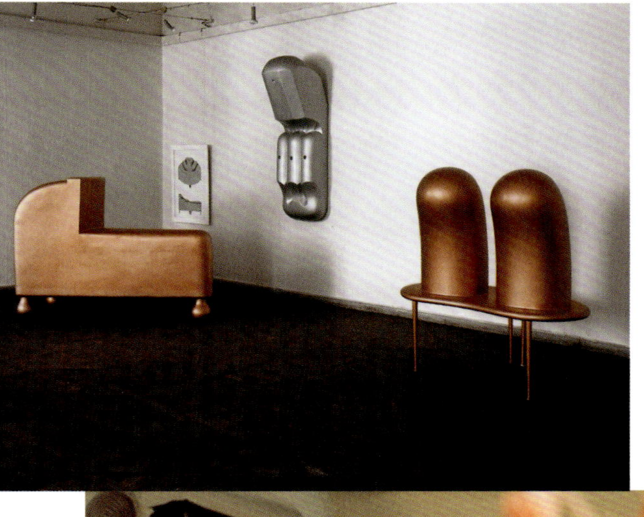

Abb. 8
Ausstellung im Frankfurter Kunstverein, 1981

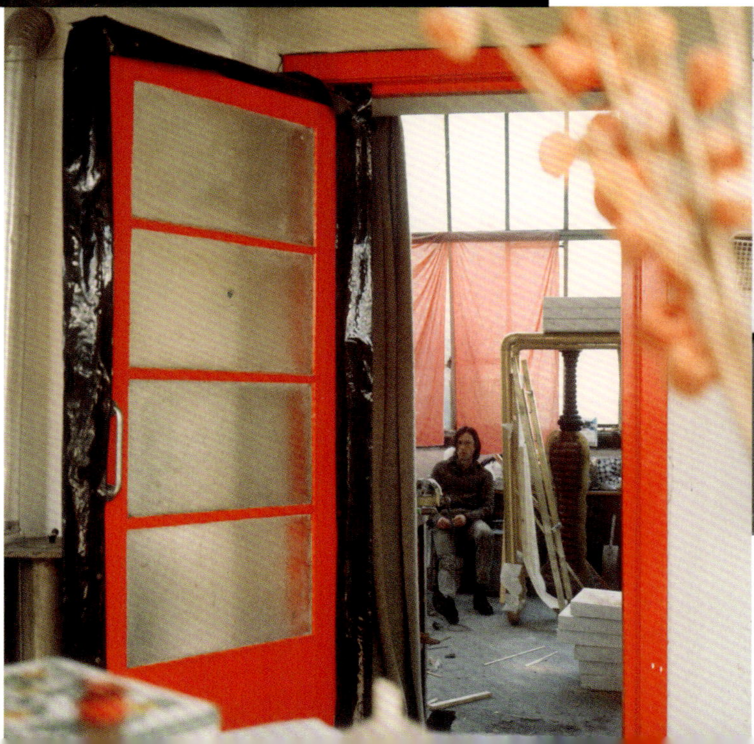

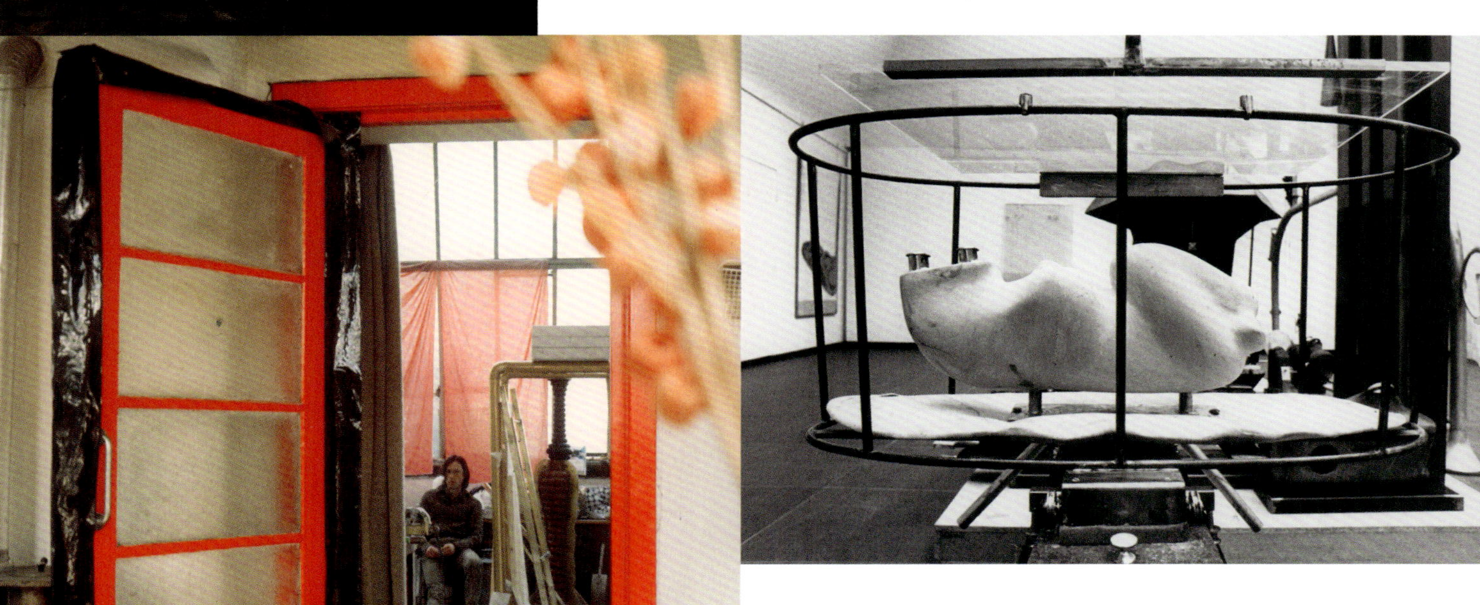

Abb. 7
Bruno Gironcoli in seinem Atelier, 1971

1990 Die Neue Galerie am Landesmuseum Joanneum in Graz organisiert die erste große Präsentation von Gironcolis Papierarbeiten. Die Ausstellung wird im Anschluss in der Kärntner Landesgalerie Klagenfurt sowie 1991 in der Galerie der Stadt Zagreb (Galerija grada Zagreba) und der Stadtgalerie Ljubljana (Mestna Galerija Ljubljana) gezeigt. Es entstehen neue Arbeiten auf Papier, deren malerische Sprache sich relativ unabhängig von der Skulptur entwickelt. Im Museum des 20. Jahrhunderts in Wien findet die erste umfassende Personale mit elf großformatigen Plastiken der neuen Werkphase Gironcolis statt.

1993 Bruno Gironcoli wird der Große Österreichische Staatspreis verliehen.

1995 Im Palais Thurn & Taxis des Bregenzer Kunstvereins findet eine umfangreiche Retrospektive der Arbeiten von 1962 bis 1995 statt.

1997 Unter dem Titel *Die Ungeborenen* präsentiert das MAK, Museum für angewandte Kunst Wien, eine Bestandsaufnahme des bildhauerischen Schaffens Bruno Gironcolis in den neunziger Jahren. Der Künstler erhält das Österreichische Ehrenzeichen für Wissenschaft und Kunst.

1999 Mit der Ausstellung *Lady Madonna. Nachtrag zu einer vergangenen Ausstellung* ergänzt das MAK Wien den begonnenen Überblick zu Bruno Gironcolis Schaffen und präsentiert einen Zyklus von 150 Buntstiftzeichnungen auf Papier aus den Jahren von 1980 bis 1985.

2003 Bruno Gironcoli vertritt Österreich auf der 50. Biennale di Venezia (Kommissare: Kasper König und Bettina M. Busse). Er nimmt an der Biennale d'Art Contemporain de Lyon teil.

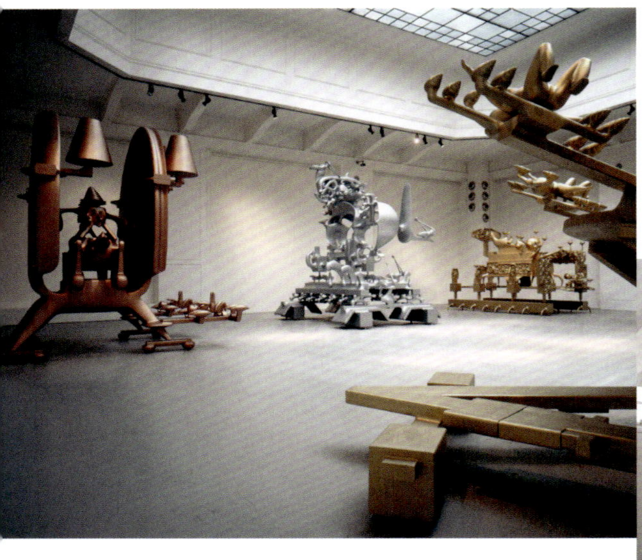

Abb. 9
Ausstellung *Die Ungeborenen*, MAK, Wien, 1997

Abb. 10
Biennale di Venezia, Österreichischer Pavillon, 2003

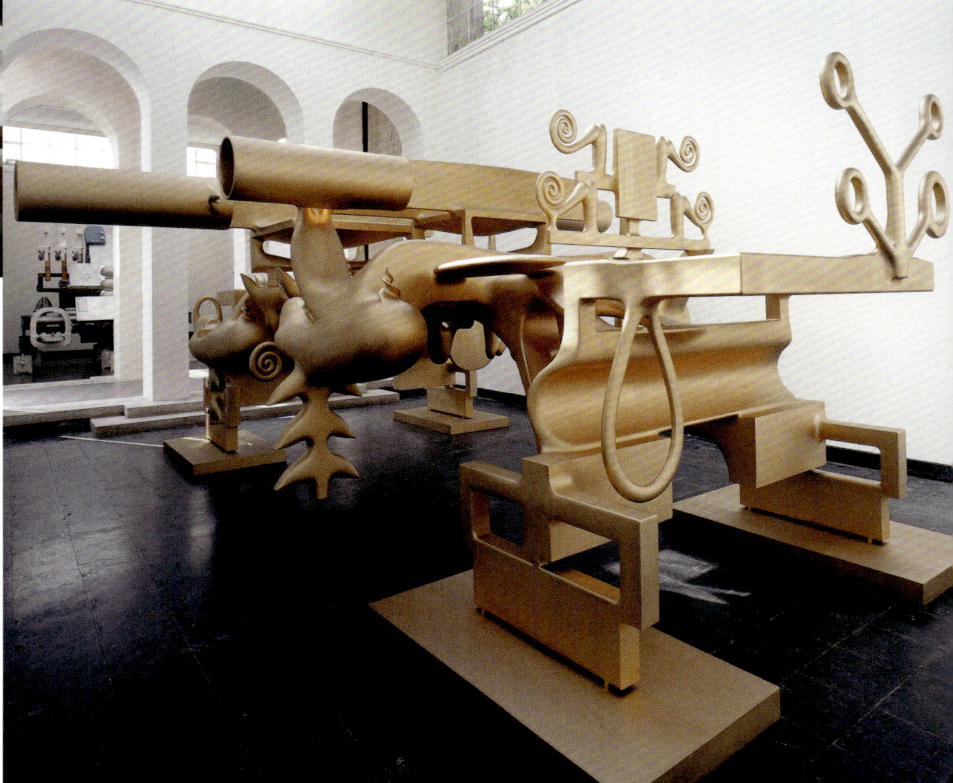

2004 Nach beinahe 30 Jahren als Professor für Bildhauerei an der Akademie der bildenden Künste Wien wird Bruno Gironcoli emeritiert. Damit einher geht der Auszug aus den großzügigen Atelierräumen im Prater. Mit dem Gironcoli-Kristall des STRABAG Kunstforums Wien und dem Gironcoli Museum Herberstein, Steiermark eröffnen ständige Präsentationen der Werke Gironcolis. In der Steiermark wird außerdem erstmals seine umfangreiche Sammlung afrikanischer Masken und Figuren präsentiert.

2005 Die Akademie der bildenden Künste Wien widmet Bruno Gironcoli eine umfassende Ausstellung seiner frühen Arbeiten.

2007 Im Gerhard-Marcks-Haus in Bremen eröffnet eine Ausstellung der Werke Gironcolis. Im selben Jahr kuratiert Ugo Rondinone, ehemaliger Schüler Gironcolis, in der Ausstellungsreihe *carte blanche* im Palais de Tokyo in Paris die Gruppenausstellung *The Third Mind*, in der einige Arbeiten Gironcolis gezeigt werden. Mit dem Ankauf einer Fabrikhalle in Maria Ellend, die er als Atelier einrichtet, gewinnt Bruno Gironcoli wieder den nötigen Platz für seine Skulpturen.

2010 Bruno Gironcoli stirbt in Wien. Auf dem Wiener Zentralfriedhof erhält er ein Ehrengrab.

Abb. 11
Bruno Gironcoli mit Assistenten in seinem Atelier

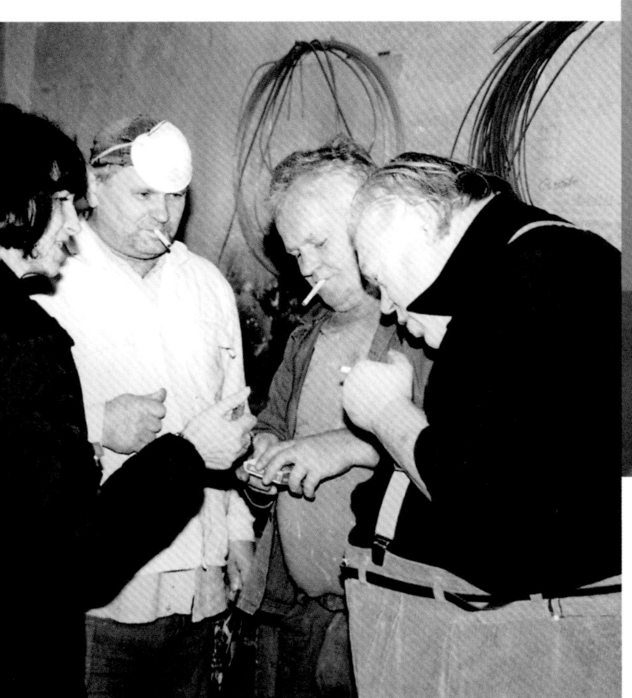

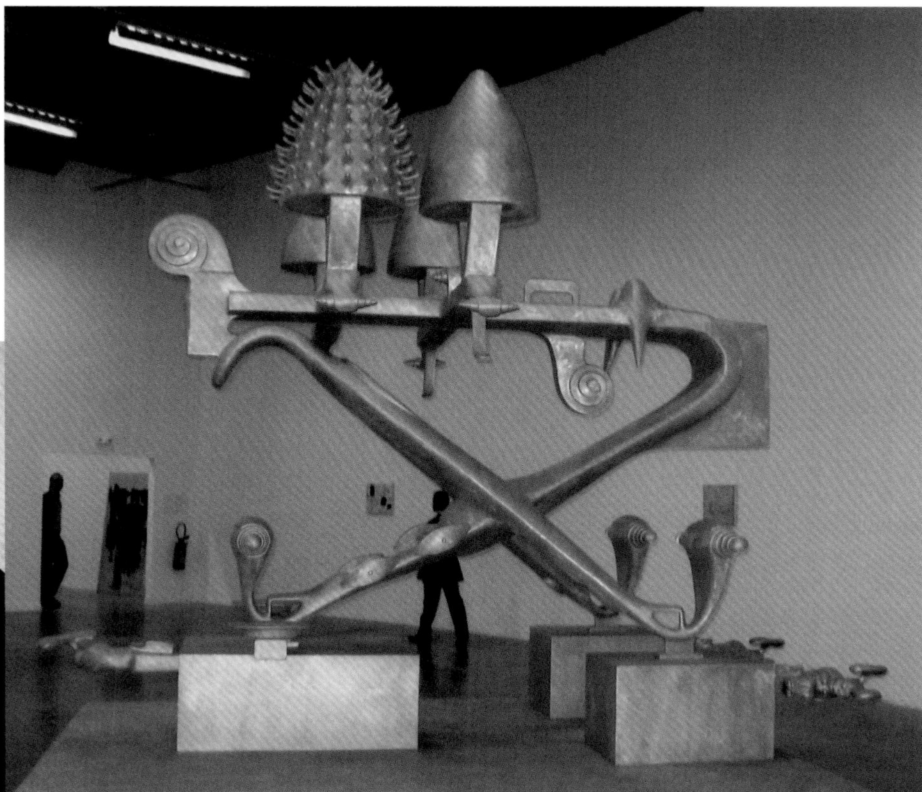

Abb. 12
Ausstellung *The Third Mind*, Palais de Tokyo, Paris, 2007/08

Preface

The Austrian artist Bruno Gironcoli (1936–2010) is regarded as one of the most important sculptors of his generation. He was awarded various honors in Austria for his idiosyncratic, often eccentric works. The professor of sculpture at the Akademie der bildenden Künste Wien (Academy of Fine Arts Vienna) influenced and inspired numerous young artists with his oeuvre, which was guided by original avant-garde ideas. The permanent presentations at the Gironcoli-Kristall in Vienna and the Gironcoli Museum Herberstein in Styria have also ensured the artist a high level of recognition posthumously. With the current exhibition, he is being given the attention he has long since deserved outside his home country.

With the rarely presented, monumental works of Gironcoli, the Schirn is once again underscoring its goal of bursting open spatial and temporal boundaries and opening up new perspectives. The Schirn Freunde (Schirn Friends) are pleased to be able to support this fascinating project.

Christian Strenger
Chairman of the Board
Schirn Freunde e. V.

English Texts

Foreword

With his unique, complex, and confusing oeuvre with its distinctive, symbolic forms, and highly esteemed as a professor at the Akademie der bildenden Künste (Academy of Fine Arts) in Vienna, the exceptional Austrian artist Bruno Gironcoli influenced generations of artists. Ever-new groups of works bear witness to his creative imagination. But Gironcoli's talent is shown most succinctly in his mature creative period, with his monumental *Prototypen* (Prototypes) created starting in 1977. "Prototypes for a new species" is what Peter Noever called them in conjunction with an exhibition that took place at the MAK in Vienna while the artist was still alive. These machine-like entities truly seem to be very alive. They impress with their monumentality and might be archaic finds as well as utopian designs. For the exhibition at the Schirn, we have selected specifically this group of works—because it is simply so unique. Bruno Gironcoli, this wonderful Austrian artist, is unfortunately still largely unknown in Germany and much too little appreciated. The sheer size of the works that can now be seen at the Schirn has surely stood in the way of many an exhibition project. Numerous legends surround the logistics of such an undertaking. There is talk of flatbed trucks, of walls that had to be torn down in order to bring the works into a museum. We are therefore that much more pleased to be able to present this ambitious project at the Schirn.

First and foremost, I would like to express my heartfelt thanks to the Bruno Gironcoli Estate, in particular to Bettina M. Busse and Christine Gironcoli, who accompanied the exhibition project with great commitment and enthusiasm from the very beginning. It would scarcely have been possible for this exhibition to take place without their unlimited support and generous assistance. We were able to count on the estate's knowledgeable cooperation in all phases whenever questions regarding the life and work of the artist or complex logistics arose. It would also not have been possible to realize this exhibition without the support of public and private lenders. I truly appreciate their goodwill and would like to warmly thank the Belvedere, Vienna, the Gironcoli Museum in Herberstein, and the STRABAG Kunstforum in Vienna for their loans.

For the idea and realization of this complex project, I would like to express my gratitude to Martina Weinhart as curator of this unique and original exhibition. I also thank Rebecca Herlemann, who, as curatorial assistant, assisted her with great dedication in the extensive preparations for and execution of the exhibition as well as the accompanying catalogue.

Martina Weinhart and Rebecca Herlemann are also thanked for the texts in the accompanying publication. My gratitude goes to Uta Hasekamp and Rebecca van Dyck for their adept copyediting and Amy Klement for the careful translation. For the unusual design of the catalogue, I thank Christoph Steinegger. Thanks are also due the Distanz Verlag for the good collaboration and the production of the exhibition publication. I also thank Marie Schoppmann and Alexandra Papadopoulou of VERY for coming up with the harmonious exhibition design.

For the realization of the exhibition, we also have to thank our sponsors. My gratitude goes out first of all to the City of Frankfurt as well as Mayor Peter Feldmann and the head of the culture department, Ina Hartwig, on the part of all the decision-makers.

On behalf of the more than 2,000 members of the Schirn Friends, my sincere thanks also go to Christian Strenger, its chairman, as well as to Tamara von Clary, its managing director, who once again pledged their crucial support early on for a strong artistic position that stands programmatically for the Schirn. I am also very grateful to Dr. Wilhelm Weiß, the director of the STRABAG Kunstforum in Austria, which is not only a cooperation partner but also an important supporter of the project, for the generous commitment. For their tireless dedication in connection with the realization of this exhibition and catalogue, I would last but not least like to thank all my colleagues at the Schirn. My heartfelt gratitude goes to Inka Drögemüller as deputy director and Esther Schlicht as exhibition manager, as well as to Karin Grüning, Elke Walter, and Anna Noll for the complex organization in connection with the transport of the works and the installation and dismantling of the exhibition. I also thank Christian Teltz and Oliver Taschke for the technical supervision as well as Andreas Gundermann and the installation crew, and the restorer Stefanie Gundermann. Gratitude is also due Luise Bachmann, Isabel Stamm, Heike Stumpf, and Elena Schmidt for the creative marketing and design of the advertising campaign. I thank Pamela Rohde, Johanna Pulz, and Elisabeth Pallentin for the press work as well as Antonia Lagemann for the coordination and supervision of this publication and for her editorship of Schirn Magazine. For the accompanying education program, I am grateful to Chantal Eschenfelder with Simone Boscheinen, Laura Heeg, Irmi Rauber, and Olga Shmakova. I thank Ute Seiffert with Lena Sobczinski for developing and coordinating events at the Schirn, and Julia Lange and Miriam Werner for the sponsoring and supervision of partners and patrons. I would also like to express my thanks to Heike Berndt, Claudia Kroh, and Tanja Stahl in the administration of the Schirn. My gratitude also goes to Daniela Becker for her assistance in numerous respects. Finally, I thank the messenger Lukas Müller, Rosaria La Tona and the cleaning services team, Josef Härig and Vilizara Antalavicheva at the reception desk, and all the other employees of the Schirn who were involved in the realization of this outstanding exhibition.

Philipp Demandt
Director
Schirn Kunsthalle Frankfurt

The Memorable Creations of the Ingenious Mr. G.

Martina Weinhart

Anyone who has ever encountered the fantastical and monumental sculptures by the Austrian eccentric Bruno Gironcoli does not easily forget them. They are imposing and bewildering. Beguiling, they come in gold, bronze, or copper and have smooth, shiny surfaces. Gironcoli, who began his artistic career training as a goldsmith, also called them "broaches"—a somewhat puzzling term that one can barely associate with the enormous dimensions of his late works. It is at the same time an indication of their individualism. Arising from a theater of the absurd or a surreal dream world, these gigantic objects seem to be "prototypes for a new species." Someone once also called them "giant toys," which seems more suitable.[1] With their organic forms and the set pieces from everyday culture frequently oriented toward the regional, they are alien and yet somehow familiar: one soon believes to recognize a wine barrel, an ear of wheat, a grape vine. Gironcoli then again stages a peculiar procession of infants or an imposing ant-like sculpture. He also once said: "Symbols are the sex of sculpture."[2] Whatever the case, the objects remain mysterious and give me, as a viewer, sufficient scope to repeatedly discover new forms and meanings.

First and foremost, Gironcoli's works seem to give rise to a general, almost childlike wonder that does not fail to leave an impression even on the specialist world, which is actually practiced in analyses: Kasper König describes the sculptures as "extraterrestrial altars," as a "kind of hybrid nature" that he "had never before witnessed." For Donald Kuspit, Gironcoli's figures have a bizarre quality and are "formally unique." Werner Hofmann attests to the artist's "inventive insatiableness." Peter Weiermair calls him an "eccentric of contemporary sculpture." According to Peter Gorsen, we are startled by how close the works come to us. For Armin Zweite, on the other hand, Gironcoli remained an artist who "walks a tightrope and still acts as an outsider prepared to take any risk ... ."[3] As one can read from the illustrious list of his apologists, Gironcoli is an institution in Austria, an artist with whom nearly everyone is familiar. His aesthetics of excessiveness and opulence, which always generate new outgrowths and embellishments, have inspired innumerable young artists. From 1977 to 2004, he succeeded Fritz Wotruba as the head of the sculpture school at the Akademie der bildenden Künste Wien (Academy of Fine Arts Vienna). He was the teacher of Franz West, Hans Schabus, and Ugo Rondinone. He was awarded the Grand Austrian State Prize, exhibited at the Bienal de São Paulo and Biennale di Venezia, and has been presented time and again in extensive exhibitions in Vienna. But for all that, he is little known abroad and hence to us as well.

An important reason for this is surely not least the sheer size and massiveness of the later works created after 1977. With his appointment as a professor, he had spaces at his disposal in the sculpture studio in the Prater in Vienna that were truly more than generous. "With my income as a professor, I can fulfill all my dreams of materials for the *Prototypes*—you can see yourself how everything is already filled up. I can no longer even assemble the parts into finished sculptures, since I lack the space to do so," Gironcoli candidly admitted.[4] The artist created these constellations with no concern for the formal desires of the market, and his works can thus literally proliferate beyond measure in all their originality, hidden in the biggest park in Vienna. He hesitated to part with them, and only did so when exhibitions were pending. They were repeatedly modified and used as set pieces. If one believes the reports, they forced visitors to his workshop to do climbing exercises, while the confined space only permitted viewing details. In a slightly ironic tone, Gironcoli commented on his chaotic craze for the huge and spectacular: "My workshop is not where the things are assembled and completed; my real workshop is ... my small braincase. It would be an almost ideal space. I cannot describe what it is like, apparently too small."[5] Armin Zweite characterizes the artist's working process as follows: "Every morning, Gironcoli, who lives at the sculpture school of the Vienna Academy of Fine Arts ... takes up his work on several sculptures simultaneously, with the help of a number of assistants. There are neither project sketches, drawings, nor plans. Guided by intuition and following the dictate of pictorial reason, he decrees additions, changes, and alterations. Regular new beginnings soon tie in with everything else, with developed forms collapsing or leading the way toward new structures that 'present their inherent possibilities in a more enticing light.' Gironcoli refers to the 'haphazard' formation of this themes, allowing him little detachment from the proliferating sculptures, continuously forcing him to change, driving him to the very 'edge of insanity.'"[6] Even if Gironcoli's works are sculptures, which are hence part of a discipline that perhaps has the greatest wealth of materials at its disposal, his works are never static. They continue to leave this impression to this day, even if no one continues to work on them. Gironcoli passed away in 2010.

The Beginnings

Based on his enormous sculptures of the later years, it definitely makes sense to take a brief look back. Over the course of his artistic career, Gironcoli succeeded in finding a new, surprising language with each of his ever-new groups of works. He apparently never made things easy for himself. He always seemed to begin afresh and to barely rest on the laurels of what he had already achieved, which is why it is very instructive to trace this path to his monumental large-scale sculptures. Let us therefore take a look as his beginnings: he began an apprenticeship as a goldsmith in Innsbruck at the age of fifteen. This is an unusual, or at least special start for his career as an artist. It was only afterwards that he began studying at the Akademie für angewandte Kunst (Academy of Applied

Arts) in Vienna. There, he developed an interest in painting, was enthusiastic about the idiosyncratic Viennese Expressionist Richard Gerstl. His first sculptural works were created somewhat later from wire objects and assemblages of objects, and had titles such as *Teilchenbeschleuniger 1* (Particle Accelerator, 1956) (fig. 1) or *Schneller Brüter 2* (Quick Breeder 2, 1958) (fig. 2). Because he did not have a secondary school leaving certificate, he was not admitted to the examinations at the academy, so he interrupted his studies and went to Paris, where he stayed from 1960 to 1961. He thus moved from the city of Sigmund Freud to the city of Jean-Paul Sartre. At the time, Paris was the center of existentialism, whose ideas substantially shaped the philosophy of the postwar period. This clearly impressed him. "Existentialism Is a Humanism" is the title of a pivotal and at the time very popular essay by Sartre.[7] The theses formulated in it were discussed everywhere. Sartre's major work *Being and Nothingness* was on everyone's lips.[8] It is about life, what it is like to accept experiences such as detachment, disgust, revolt, and absurdity, and thus responsibility for oneself. Existential topics such as fear, grief, loneliness, or death, but also social responsibility were also addressed. Paris was at the same time the city of Samuel Beckett, and this author also became a significant driver, germ, for the emerging oeuvre of the young sculptor. But more on that later.

By his own account, what was no less influential for Bruno Gironcoli's future artistic output was his encounter with the work of the Swiss artist Alberto Giacometti, who also lived in Paris. Inspired by his radical sculptural oeuvre, he increasingly dedicated himself to sculpture. Drawing would also continue to occupy him, but he stopped painting. From Giacometti, he took up the examination of possibilities for depicting the human figure, even if not in formal terms. Giacometti's extremely slender, silhouette-like figures, with their reduced, nearly minimalistically closed, often vibrant and compact forms, are barely comparable with those that Gironcoli would work on throughout the 1960s. The curves more call to mind the elegant upsweeps of Hans Arp or Constantin Brancusi than the fissured surfaces of Giacometti. Human beings also appear in Gironcoli's work in the series of *Köpfe* (Heads) (fig. 3), as a form reduced to the most necessary, at first angular, somewhat reminiscent of the Suprematist pictures of Malevich, but then becoming ever rounder and more voluminous. However, the heads always remained abstract and are often barely identifiable as such. He began the series in papier-mâché, but quickly started using the contemporary material polyester, which was perfectly suited to his new ideas in the mid-1960s. These works are very much in keeping with the time and flirt in their own way with Pop Art. According to Gironcoli, the bottle for Pril dishwashing liquid served as inspiration for the first heads. In 1966, he created an untitled sculpture reminiscent of a baby carriage (fig. 4). In Pop Art, shampoo bottles, household appliances, and instant coffee, the whole paradise of everyday consumption, become the raw material of art. Advertising for them was exposed as a propaganda machine for lower-middle-class ideology. An entire generation wanted to escape the mustiness of the postwar culture. For them, the traditional artwork had become obsolete. What was important was rejecting a bourgeois notion of originality and uniqueness. The sculptures of Bruno Gironcoli perceptibly differentiate themselves from this notion. As a whole, his works from these years have less in common with the much louder wave of Pop, oriented toward a mass audience. The rebellion against the 1950s, which were perceived as hypocritical, stuffy, and dull, was, however, not far from his thoughts. He was interested in Marxist theory and in particular in the Frankfurt School around Adorno, Horkheimer, and Marcuse. In this sense, he for the most part made use of modest materials. In this early phase of his work, the smooth surfaces, which appear so perfectly golden, silver, or bronze-colored, are not expensive castings. The cheap material polyester was also coated with just as inexpensive oven spray paint or other affordable goods from DIY stores. *Super-Design*, the title of the exhibition at the prime address of the Viennese avant-garde, the Galerie nächst St. Stephan, in which Gironcoli participated along with Roland Goeschl, Hans Hollein, Oswald Oberhuber, and Walter Pichler, is thus surely also connected with a certain irony. But it is there, the closeness to design, even if not in all the phases of his oeuvre. As we remember, he called even the monumental works that he would work on later "broaches."

Spatial Angles

The *Figur, auf einem Punkt stehend (Stimmungsmacher)* (Figure, Standing on a Single Point [Stimmungsmacher]) (fig. 5), created between 1965 and 1969, perhaps represents another turning point in his work. Here, visitors are invited to set the form in motion and to interact with it. Thanks to a clever mechanism for the center of gravity, the sculpture always swings back to its starting position. With it, Gironcoli moved away from a—despite all the innovative power—relatively conventional concept of sculpture and toward a more complex handling of space and, in particular, of viewers. In what followed, they would be conceived as active protagonists, even if the scenarios that Gironcoli designed would ultimately not come to be used. In 1967, he began work on a new group of works, the series of *Raumwinkel* (Spatial Angles). In the 1970s, he created predominantly these kinds of environments, which were connected with the concept of the "Theater of Cruelty" coined by Antonin Artaud. The Surrealist Artaud wanted to do away with the classical rules of drama; theater pieces were supposed to aim more intensely at a unique physical and emotional experience.[9] Bettina M. Busse describes this work phase in Gironcoli's oeuvre very incisively: "What are created are expansive, enigmatic, and seemingly menacing object installations consisting of heterogeneous materials—electrical cables or non-functioning lamps, which seem to be relics of a staging from which perpetrator and victim have distanced themselves, also come into play. What remain are instruments of torture, the place where the unspeakable has occurred, an echo of cruel rituals. Religious and political associations also arise when particular symbols—for instance a Madonna or spine-like columns—are forced to share their whereabouts with toilet bowls or an upside-down swastika. Objects from everyday life are brought together in the sculpture for the first time. They are, however, not really usable."[10] Gironcoli's *Raumwinkel* are nonetheless stages for actions that are simultaneously closely connected with the performative works of Viennese Actionism. The young generation of artists at the time had turned its gaze to violence in society, sexuality, torture, and still unprocessed fascism. At this time, Gironcoli's environments conjure up Kafkaesque scenarios, clinically tiled, seemingly charged with electricity. "To write poetry after Auschwitz is barbaric," Adorno said.[11] In Gironcoli's work, swastikas also repeatedly appear in his drawings alongside skulls, such as in the installation *Säule mit Totenkopf* (Column with Skull) (fig. 6) of 1971. This is perhaps the darkest phase in his oeuvre.

Vienna

The atmosphere in Vienna at the time was explosive. The 1950s and 1960s were dominated by conservative Catholic Austrian high culture. "Modernisms were simply eliminated from the canon of high culture, publically deprecated, and boycotted. The local Viennese avant-garde had to search for a connection to modernisms that were officially proscribed (or unofficially banned) rather than radically revise them."[12] Modernism was punished outright. At the forefront stood the Viennese Actionists, who primarily targeted the rigid, bourgeois understanding of art, along with the literati of the Wiener Gruppe (Vienna Group). Two of its members, Friedrich Achleitner and Gerhard Rühm, destroyed a piano in 1959. Then, in 1968, there was the Viennese Actionists' legendary action *Kunst und Revolution* (Art and Revolution) at the University of Vienna, which brought a massive backlash along with it. Günter Brus, Otto Mühl, and Oswald Wiener were arrested and spent seven weeks in custody. Brus worst: hit the worst: he was sentenced to six months without parole. Books by Hermann Nitsch and Otto Mühl, parts of Wiener's work, as well as the collected work of Günter Brus were banned in Austria. H. C. Artmann went to Sweden and Gerhard Rühm to Berlin in 1964, as did Brus and Wiener. Embittered, Gerhard Rühm wrote in 1970 from his exile in Berlin: "Since the war, Austrian cultural politics has promoted an epigonism of 'the Danube-Austrian,' which is cast as tradition and persecutes originality where it appears."[13] In Austria, a spirit of hopelessness had become pervasive among people engaged in the cultural sector: "the enormous pressure ... caused nearly all noteworthy Austrian writers born as of 1930 to emigrate (the same applies in the case of original painters and action artists)."[14]

Groupings were not Gironcoli's thing. "Gironcoli, as I saw, tended to be a loner," writes his student Franz West.[15] Gironcoli only remained on the periphery of what was taking place. His installations of the 1970s nevertheless show a certain affinity to Viennese Actionism and the texts of the Wiener Gruppe. The *Raumwinkel* are clearly linked to Viennese Actionism by the concept of action; here, viewers are seen as protagonists of a scene more clearly than in his early as well as later monumental works. These works also have thematic links—swastikas often turn up, and explicit sexual depictions also rebel against the prevailing hypocritical, repressive moral atmosphere. This is another parallel to the body-focused, taboo-breaking strategies of the Actionists. But unlike them, with their bold attacks on a traditional concept of artworks in their performative practice, Gironcoli—as he himself announced almost apologetically—remained linked to "retrogressive" sculpture. He synthesized the influences of the Viennese Actionists with Arte Povera, new figuration, the object concept of Marcel Duchamp, and the new medium of environments that was slowly becoming established, and with them once again found a path to a distinct language.

The Prototypes

Until the end of his working life, Gironcoli worked exclusively on large sculptures, the so-called *Prototypen* (Prototypes). With this new group of works, the artist liberated himself once and for all. It is above all these monumental sculptures created starting in 1977 that made him a point of reference for a younger generation of sculptors. They provide a fluid connection between recognizable and ornamental forms that proliferate in a vegetal-like manner. He combined mechanistic, machine-like elements with eye-catching symbols and provocative flourishes. They are physical works of art that play with our perception in many respects. They are not lacking in humor, since Gironcoli already gave them, tongue-in-cheek, a noble skin in gold, silver, or bronze, thus making the works look as if they had been cast. Yet they are not cast in any way; only a few actually exist as castings in aluminum. Despite their noble appearance, their interiors consist of various metals, iron, aluminum, tin, and brass. They are often rods, pipes, and sheet metal that were brought into the form desired, and/or wood and iron structures that were constructed with the help of assistants. For a long time, this crew consisted of Polish construction workers.

Let us take a look at one example: a golden structure—it towers, standing on broad, secure feet; solid, stacked up, intricate pedestals are the constructive elements; on top of them a brace, an ornamental arc; the element enthroned on it is a *Murphy* (more on this later) concealed behind a small scroll. The actually clear, abstract structure of the work *Ohne Titel* (Untitled) of the years 1992 to 1995 (pp. 12/13) is constantly disrupted by the irrational quality of the representational, which repeatedly erupts, grows, forms, is formed. The eye is drawn to curious details. There are little horns, babies with rabbit ears, key-like elements, spheres, amorphous shapes.

Gironcoli himself spoke of an "excessiveness that I need in order to pursue a sculptural idea and quality."[16] Such excessiveness is clearly expressed not only in the monumental dimensions of the works from this mature phase. The artist succeeded in creating very associative, extremely complex forms that are simultaneously aesthetically appealing and multilayered in meaning. They bring together mechanics and organism, the psychological and the technical. It is interesting to note that Freud himself made use of a wide range of technical metaphors and models when developing his theories, as Peter Weibel once remarked. Freud thus spoke of a psychological mechanism, a psychic apparatus, or of psychological automatisms.[17] What is also interesting in this context is the concept of a wish machine developed by Deleuze and Guattari: "*Anti-Oedipus*, published by Félix Guattari and Gilles Deleuze in 1972, came up with a theory of *machines désirantes* that turned everything, from desire to capitalism, into a machine. In this, the concept of the machine can be understood as an ongoing arrangement of heterogeneous parts that can be anything that develops in various ontological registers and vehicles and that can also include technical objects."[18] One could imagine Gironcoli's prototypes as just such machines. Psychoanalytical questions were often transferred to these works. And they do not economize on invitations for such an approach. Reference is made time and again to a mother, who assumes a central role in Gironcoli's oeuvre and has frequently been interpreted as an allusion to his own biography. "He learned how violent language can be as a child, when his mother confessed to him that she would be happier if she had never given birth to him. She later abandoned the family," reports Martin Titz, for instance.[19] Donald Kuspit also develops a psychoanalytical perspective when he writes: "It is well known that many artists think of their works as their children, but for Gironcoli, the roles are reversed: he is the child of his work."[20] Kuspit refers to the fact that Gironcoli wrestled in a striking way with the age-old fantasy of the family and dealt with the mother figure throughout his life. This can be read in the titles that he used, rarely but in phases, such as *Gebärmutter* (Womb, 1986–90) and *Mutterfigur* (Maternal Figure, 1985–89). The works *Väterliches Mütterliches: Eine fiktive Modellvorstellung* (Paternal Maternal: A Notional Model, 1986), *Engerling und seine Eltern* (Grub and His Parents, 1984–89), or *Die Eltern mit zwei Tischaufsätzen* (The Parents with Two Center Pieces, 1989–90) make reference to parents. *Ein Körper, Zwei Seelen* (One Body, Two Souls, 2001) (pp. 22/23) might also be explained in such a context.

Sexuality is generally present in his monumental sculptures in a subliminal way, or, in other words, always latently present. A wine barrel has a vulva and is surrounded by archaic fertility symbols such as ears of wheat, grapes, and grape leaves (18–21). Completely concealed or perhaps only encrypted energy, a symbolically charged physicality, is inherent in all the sculptures. Its potency is inscrutably but manifestly present. The uncanny is also pervasive in these giant machines. Are they frozen entities that might be brought to life at any moment? Some stand on long legs; perhaps they will start to walk if we briefly turn away. Others, in turn, seem menacing or at least intimidating. In our absence, they begin their own lives and are only frozen for the moment we are looking at them—all of this seems plausible or is at least imaginable. Gironcoli counters Surrealism with science fiction.

These infants frequently turn up in his late work. *Flammenkranz mit Baby* (Wreath of Flames with Baby) is the title of his final sculpture from 2006. The exhibition *The Unbegotten* of 1996 at the MAK in Vienna brought together an entire group of his large-scale sculptures under this theme. A baby in a wreath of flames also appears as a set piece in another large sculpture, *Ohne Titel* (Untitled) of 2002 (pp. 24–27). The infants are arranged on a sort of slide; they are positioned on an arc in a static yet dynamic way. One can barely make out whether they are frozen in motion. These babies are sightless, without eyes, and bear a cross on their belly. They are clearly male or female, with bald heads and blank features, more idea than body. Are they living beings? Uncanny, undead, robot-like, the product of a factory or begotten by aliens—all of this seems more probable. The blank eyes of the peculiar infants stand for the uncanny that lurks behind the familiar. In the lower part of this sculpture, flames then finally burst out of the small bodies, almost seeming to fuel the scenario, ensnared in an odd ritual.

The whole thing is crowned with one element that Gironcoli developed early in his career and made use of time after time—*Murphy*. This *Murphy* appears for the first time in 1968 as *Modell in Vitrine: Entwurf für eine Figur (Murphy)* (Model in Showcase: First Version of a Figure) [Murphy] (fig. 7). Variants of this figure play a key role in Gironcoli's modularly assembled sculptures; not to forget, it is always enthroned in a prominent position on the works, thus also in a bronze-colored version in *Ohne Titel* (Untitled, 1996) (pp. 14–17). *Murphy* is the first novel by Samuel Beckett, which he published in 1938. In this very autobiographical work, he describes an unemployed misfit. One way that he prefers to spend his days is being bound naked to his rocking chair, making the chair rock, and then remaining there motionlessly until the chair and he achieve complete calm. Murphy can only deal with the constraints of everyday life by means of this grotesque form of mystical immersion, which does not lack a certain comicality. Murphy stands for the absurdity of human aspiration. The figure in the novel is exemplary for being an outsider, to whom Gironcoli clearly felt attached. The refusal to subject himself to the dictates of day-to-day necessities is reflected not least in such a refusal to conform in his work.

"Reflections on Sculpture as a Conventional Art Form" is the title of a text in which Bruno Gironcoli presented questions, answers, and problems in his artistic work at the height of his career.[21] The very profound and complex text, which is written in his very distinct language, refuted the frequently repeated myth in Austrian art history, which presents Gironcoli as an outsider who proceeded not so much intellectually as intuitively. He wrote this manifesto five years after being appointed as a professor at the academy, five years after moving into his spacious studio in the Prater, at a time when the group of works of the monumental *Prototypen* was beginning to grow. He in part takes up insights from his previous work phase, for instance when he describes "stepping in front of an audience" as involving a "political dimension" and wishes for a work that "hopes for emancipated viewers." Yet for him, sculpture is a "magic means" as well as a "manual way of thinking." "[T]he work of art, inconceivable in its wealth and in constant rebellion," however, makes clear reference to his main works, created after 1977: the enormous *Prototypen*. With open eyes, he resisted the tendencies of his time when he spoke of his work as "romantic in its anachronism," which for him represented a "wish for self-preservation." "Sculpture is an escapist realm, a daydream"; it reflects "the dark fears of yesterday and the dark fears of tomorrow, and the work is the brief, fearless now."

Various motifs appear in this text that assist us in better understanding this at times somewhat cryptically provided universe. The term hybrid perhaps fits best. It applies to the static quality that keeps these massive and monumental sculptures in motion. It applies to the forever-unfinished quality of the works, which will time and again be reassembled. It applies to the individual forms that are repeatedly moved and grow together to form new units, new sculptures. Their quality is the in-between. The same holds true for the connection to contemporary understandings of art such as the involvement of viewers or, at the same time, the incorporation of political, social, and psychological aspects in the impact of the artwork, aspects that Gironcoli confronts with mischievous traditionalism. In this, his work seems *avant la lettre* in a postmodern way. Inherent in his works is an openness that is reflected not least in the fact that they rarely have titles. That would also predefine them too strongly. And according to the artist, the color gold was also only an interim solution, a preliminary stage for a later casting. The sculptures are representational and abstract, alien and familiar. They are at once avant-garde and somehow folkloristic. They are monumental in a loudmouthed way and sensitively conceived. They are the resolutely shaped realm between things, fashions, and eras.

Notes

1) Peter Noever, "Apparatus of Revelation and Surprise on a Subject," in *Bruno Gironcoli: Die Ungeborenen / The Unbegotten*, ed. id., exh. cat. MAK—Österreichisches Museum für angewandte Kunst, Vienna (Ostfildern, 1997); Werner Hofmann, "Giant Toys," in Bettina M. Busse, ed., *Bruno Gironcoli: Die Skulpturen / The Sculptures, 1956–2008* (Ostfildern, 2008), pp. 11–13, esp. p. 11.

2) Bruno Gironcoli, quoted from Armin Zweite, "A Utopia of Self-Consolation: Bruno Gironcoli on Bruno Gironcoli and His Work," in Busse 2008 (see note 1), pp. 170–75, esp. p. 174.

3) Kasper König, "Self-Consolation as Utopia," in *Bruno Gironcoli*, exh. cat. Biennale di Venezia, Austrian Pavilion (Cologne, 2003), pp. 15–18, esp. p. 16, Donald Kuspit, "Mother Machine: Bruno Gironcoli's Sculptures," in Noever 1997 (see note 1), pp. 18–23, esp. p. 20; Hofmann, in Busse 2008 (see note 1); Peter Weiermair, in *Bruno Gironcoli: Skulpturen—Arbeiten auf Papier*, exh. cat. Galerie Elisabeth & Klaus Thoman (Innsbruck, 1992), n.p.; Peter Gorsen, "Das zweigeteilte Individuum und die ideelle Freiheit: Der Bildhauer Bruno Gironcoli," in *Bruno Gironcoli: In der Arbeit schüchtern bleiben; Arbeiten auf Papier*, ed. Manuela Ammer, exh. cat. Museum moderner Kunst Stiftung Ludwig Wien, Vienna (Cologne, 2018), pp. 88–97, esp. p. 88; Zweite, in Busse 2008 (see note 2), p. 175.

4) Robert Fleck, "Bruno Gironcoli. Skulptur als Leben," in Noemi Smolik and Robert Fleck, eds., *Kunst in Österreich* (Cologne, 1995), p. 66.

5) Wolfgang Drechsler and Dieter Schrage, "Über Ausstellung, Bildhauerschule, Bildhauerei—Ein Gespräch mit Bruno Gironcoli," in *Bruno Gironcoli: Bildhauerische Arbeiten*, exh. cat. Museum moderner Kunst / Museum des 20. Jahrhunderts Wien (Klagenfurt, 1990), p. 19.

6) Armin Zweite, in Busse 2008 (see note 2), p. 174.

7) Jean-Paul Sartre, *Existentialism Is a Humanism*, trans. Carol Macomber (New Haven, 2007).

8) Jean-Paul Sartre, *Being and Nothingness*, trans. Hazel E. Barnes (New York, 1984).

9) See Antonin Artaud, *The Theater and Its Double*, trans. Mary Caroline Richards (New York, 1966), in it "The Theater of Cruelty (First Manifesto)," pp. 89–100.

10) Bettina M. Busse, "Bruno Gironcoli," in *Bruno Gironcoli*, exh. cat. Galerie Elisabeth & Klaus Thoman (Innsbruck, n. d.), p. 9.

11) Theodor W. Adorno, "Cultural Criticism and Society" (1949), in *Prisms*, trans. Samuel and Shierry Weber (Cambridge, MA, 1997), pp. 17–34, esp. p. 34.

12) Siegfried Mattl, "Autoritäre Modernisten und skeptische Avantgarde: Österreich um 1959," in *Die Wiener Gruppe*, ed. Wolfgang Fetz, exh. cat. Kunsthalle Wien (Vienna, 1999), pp. 14–19, esp. p. 19.

13) Gerhard Rühm and Oswald Wiener, "berlin, 17.9.1970," in ibid., pp. 30–33, esp. p. 30.

14) Ibid., p. 33.

15) Franz West, "A Drawn Out Question," in Noever 1997 (see note 1), pp. 63–68, esp. p. 66.

16) Drechsler and Schrage 1990 (see note 5), p. 20.

17) Peter Weibel, "Masochism as a Post-Phallic Mandate," in *Phantom of Desire: Visions of Masochism in Art*, ed. id., exh. cat. Neue Galerie Graz at the Landesmuseum Joanneum (Munich, 2003), vol. 2, pp. 8–16, esp. p. 14.

18) Ibid., p. 10.

19) Martin Titz, "'Mein Ziel war ein ästhetisches': Über Bruno Gironcoli und seine rätselhaften Großskulpturen," in Margherita Spiluttini, ed., *Bruno Gironcoli* (Vienna, 2012), n. p.

20) Kuspit, in Noever 1997 (see note 3), p. 18.

21) Bruno Gironcoli, "Reflections on a Conventional Art Form of Sculpture," in exh. cat. Biennale di Venezia 2003 (see note 3), pp. 133–54, esp. p. 135.

Biography
by Rebecca Herlemann

1936
Bruno Gironcoli is born on September 27 in Villach, Carinthia.

1947
When their parents separate, Bruno and his two brothers, Paul and Heinrich, remain with their father. Their mother immigrates to America with her second husband in 1949—a factor that would influence Gironcoli's entire oeuvre.

1951
Bruno Gironcoli begins an apprenticeship as a gold-, silver-, and coppersmith in Innsbruck, which he concludes in 1956 with a journeyman's examination. He increasingly develops an interest in painting, which inspires him to do frequent research in the library of the Institut français, where he learns about French art.

1957
After several months as a guest student at the Akademie für angewandte Kunst Wien (Academy of Applied Arts Vienna), Bruno Gironcoli begins studying painting there with Professor Eduard Bäumer. His first pictures and drawings pursue a figurative language. He creates his first wire sculptures.

1961
Bruno Gironcoli spends a year in Paris on a grant from the province of Tyrol. He is particularly interested in portraits and produces almost exclusively drawings. One important inspiration is Alberto Giacometti. Gironcoli examines French Surrealism and the ideas of existentialism; he reads Jean-Paul Sartre and Samuel Beckett. He is moreover interested in the ideas of the Frankfurt School as well as the teachings of Karl Marx.

1962
Back from Paris, Bruno Gironcoli switches to the metalworking class at the Akademie für angewandte Kunst Wien. He marries Christine Melichar the same year and their daughter, Ina, is born. Gironcoli continues to produce mainly drawings as well as nude and portrait studies and to work on his wire sculptures.

1964
Starting from papier-mâché models, he begins sculpting his first polyester objects. Works on paper that he creates in parallel often contribute to their development and preliminary design and make reference to sculptural objects in their presentation.

1967
Bruno Gironcoli has his first solo exhibition at the Galerie Heide Hildebrand in Klagenfurt, where he presents recent polyester works. He begins working on the series of *Raumwinkel* (Spatial Angles), which occupies him until around 1972. Influenced by Viennese Actionism, performance, and happenings, his interest shifts from individual objects to installations. Gironcoli develops a form of "open sculpture" that is installed spread out in the space.

1968
Bustling exhibiting activities begin for Bruno Gironcoli. The exhibition *Super-Design*, in which Roland Goeschl, Hans Hollein, Oswald Oberhuber, and Walter Pichler are also involved, opens at the Galerie nächst St. Stephan in Vienna and represents the prelude to a sequence of regular solo exhibitions by Gironcoli at this gallery. Its manager, Monsignore Otto Mauer, becomes his first collector and patron. Gironcoli develops the seated figure *Murphy*, named after the novel of the same name by Samuel Beckett, which will permeate all the coming creative phases as a variable form.

1969
Bruno Gironcoli is given a solo exhibition at the Galerie im Taxis-Palais in Innsbruck.

1970
Early wire sculptures and drawings by Gironcoli are exhibited at the Museum des 20. Jahrhunderts (Museum of the 20th Century) in Vienna. The Galerie Appel & Fertsch in Frankfurt am Main presents the first solo exhibition of his works in Germany. Gironcoli simultaneously participates in the exhibition series *14 x 14* at the Staatliche Kunsthalle Baden-Baden.

1971
Bruno Gironcoli and Arnulf Rainer represent Austria at the XI Bienal de São Paulo. The commissioner of the Austrian contribution is Carl Unger, the rector of the Hochschule für angewandte Kunst Wien (University of Applied Arts Vienna). Gironcoli shows sculptures and works on paper.

1972
The Galerie Krinzinger presents Bruno Gironcoli's exhibition *Zeichnungen und Objekte* (Drawings and Objects) at its subsidiary in Bregenz, which results in a longstanding collaboration.

1977
Peter Weiermair curates the first large-scale showcase exhibition of Gironcoli's works at the Museum des 20. Jahrhunderts in Vienna. It subsequently travels to the Städtische Galerie im Lenbachhaus in Munich. Bruno Gironcoli succeeds Fritz Wotruba as the head of the Sculpture School of the Akademie der bildenden Künste Wien (Academy of Fine Arts Vienna). From then on he has access to a large studio space, which decisively influences the appearance of his works.

1979
The Galerie Elisabeth & Klaus Thoman in Innsbruck presents the group exhibition *Medium Zeichnung* (The Medium of Drawing). A long collaboration develops.

1981
The Frankfurter Kunstverein under Peter Weiermair organizes a solo exhibition of works by Bruno Gironcoli.

1986
Gironcoli presents the extensive work *Väterliches Mütterliches: Eine fiktive*

Modellvorstellung (Paternal Maternal: A Notional Model) for the first time at the Künstlerhaus Graz during the Steirischer Herbst festival.

1989
Bruno Gironcoli receives the Österreichischer Skulpturenpreis (Austrian Sculpture Prize), which is being awarded for the first time by the Erste Allgemeine Generali-Foundation. He is represented in several international group exhibitions.

1990
The Neue Galerie am Landesmuseum Joanneum in Graz organizes the first large-scale presentation of Gironcoli's works on paper. It is subsequently shown at the Kärntner Landesgalerie in Klagenfurt and at the gallery of the city of Zagreb (Galerija grada Zagreba) and the Ljubljana municipal gallery (Mestna Galerija Ljubljana) in 1991. He creates new works on paper whose painterly language develops relatively independently of sculpture. A first retrospective, with eleven large-format sculptures from Gironcoli's new work phase, is held at the Museum des 20. Jahrhunderts in Vienna.

1993
Bruno Gironcoli is awarded the Großer Österreichischer Staatspreis (Grand Austrian State Prize).

1995
A comprehensive retrospective of works from 1962 to 1995 is presented at the Palais Thurn & Taxis of the Bregenzer Kunstverein.

1997
Under the title *The Unbegotten*, the MAK in Vienna, presents a stocktaking of Bruno Gironcoli's sculptural oeuvre in the 1990s. The artist receives the Österreichisches Ehrenzeichen für Wissenschaft und Kunst (Austrian Medal of Honor for Science and Art).

1999
With the exhibition *Lady Madonna: Nachtrag zu einer vergangenen Ausstellung* (Lady Madonna: Postscript Concerning a Past Exhibition), the MAK in Vienna supplements the ongoing survey of Bruno Gironcoli's work and presents a cycle of 150 colored pencil drawings on paper from the years 1980 to 1985.

2003
Bruno Gironcoli represents Austria at the 50th Biennale di Venezia (commissioners: Kasper König and Bettina M. Busse). He also participates in the Biennale d'Art Contemporain de Lyon.

2004
After nearly thirty years as a professor of sculpture at the Akademie der bildenden Künste Wien, Bruno Gironcoli retires. He therefore also moves out of the large studio spaces at the Prater. Permanent presentations of Gironcoli's works open with the Gironcoli-Kristall at the STRABAG Kunstforum in Vienna and the Gironcoli Museum in Herberstein, Styria, where his extensive collection of African masks and figures is also presented for the first time.

2005
The Akademie der bildenden Künste Wien mounts a large-scale exhibition of Bruno Gironcoli's early works.

2007
An exhibition of Gironcoli's works opens at the Gerhard-Marcks-Haus in Bremen. The same year, within the scope of the exhibition series *carte blanche*, Ugo Rondinone, one of his former students, curates the group exhibition *The Third Mind* at the Palais de Tokyo in Paris, which includes various works by Gironcoli. With the purchase of a factory hall in Maria Ellend, which he set up as a studio, Bruno Gironcoli once again obtains the space necessary for his sculptures.

2010
Bruno Gironcoli dies in Vienna. He is given a grave of honor at the Vienna Central Cemetery.

Captions

Page 47:
1,2 Bruno Gironcoli uses the former laundry of his parents-in-law for the production of his polyester works, ca. 1965

Page 48:
3 Bruno Gironcoli with Monsignore Otto Mauer, the director of the Galerie nächst St. Stephan, Vienna, ca. 1968
4 Poster for the exhibition *Super-Design*, Galerie nächst St. Stephan, Vienna, 1968
5 Poster for the exhibition *Gironcoli*, Galerie im Taxis-Palais, Innsbruck, 1969

Page 49:
6 Exhibition at the Galerie nächst St. Stephan, Vienna, 1968
7 Bruno Gironcoli in his studio, 1971
8 Exhibition at the Frankfurter Kunstverein, 1981

Page 50:
9 Exhibition *The Unbegotten*, MAK, Vienna, 1997
10 Biennale di Venezia, Austrian Pavilion, 2003

Page 51:
11 Bruno Gironcoli with assistants in his studio
12 Exhibition *The Third Mind*, Palais de Tokyo, Paris, 2007/08

Werkliste / List of Works

4–7
Ohne Titel / Untitled
2001
Eisen, Holz, Kunststoff / Iron, wood, plastic
230 × 260 × 230 cm
Estate Bruno Gironcoli, Wien / Vienna

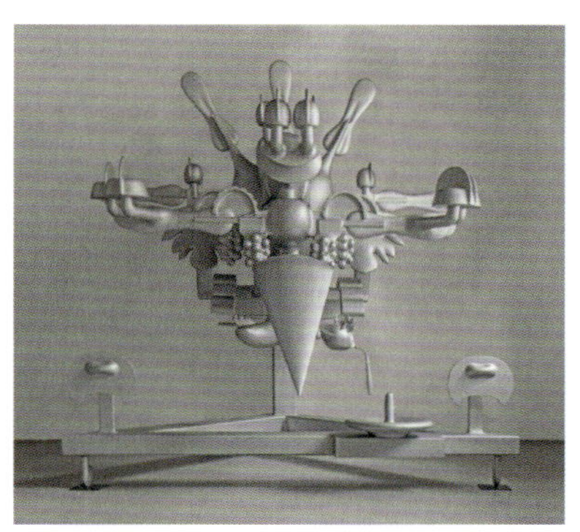

12/13
Ohne Titel / Untitled
1992–1995
Eisen, Holz, Kunststoff / Iron, wood, plastic
368 × 307 × 337 cm
Estate Bruno Gironcoli, Wien / Vienna

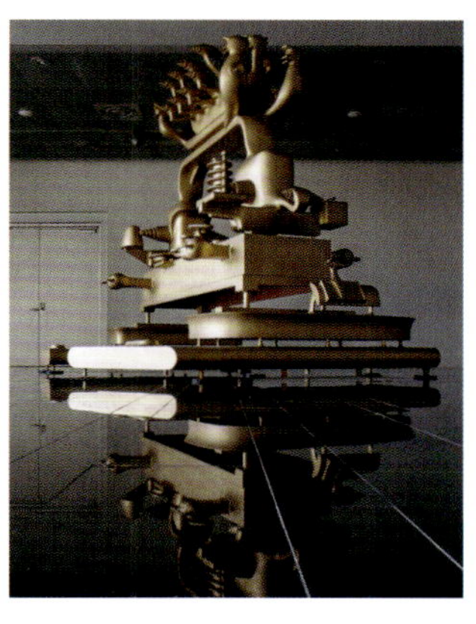

14–17
Ohne Titel / Untitled
1996
Eisen, Holz, Kunststoff / Iron, wood, plastic
460 × 220 × 410 cm
Estate Bruno Gironcoli, Wien / Vienna

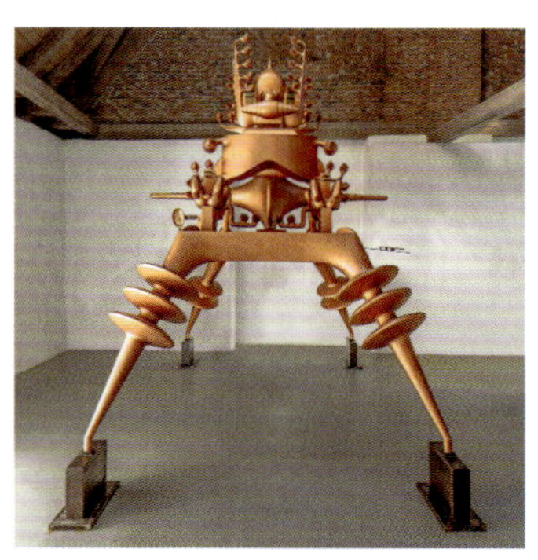

18–21
Figur mit großen Scheibenformen und Spitzköpfen sowie zwei (nicht ausgeführten) Spiralformen / Figure with Large Disk Shapes and Pointy Heads as Well as Two (Unexecuted) Spiral Shapes
1986–1990 / 1995
Eisen, Holz, Kunststoff / Iron, wood, plastic
300 × 245 × 210 cm
Estate Bruno Gironcoli, Wien / Vienna

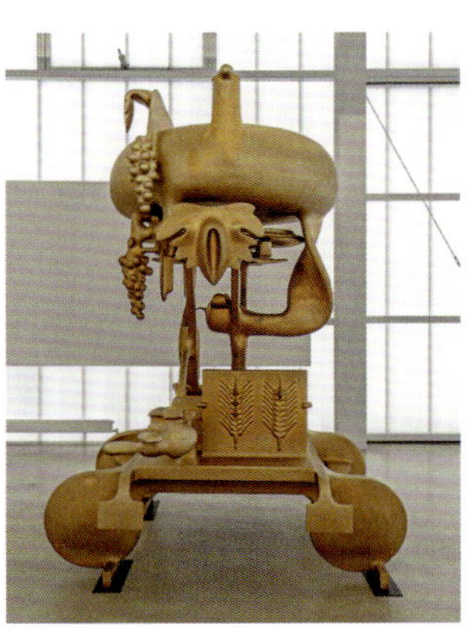

22/23
Ein Körper, zwei Seelen / One Body, Two Souls
2001
Aluminiumguss / Cast aluminum
220 × 230 × 100 cm
Belvedere, Wien / Vienna

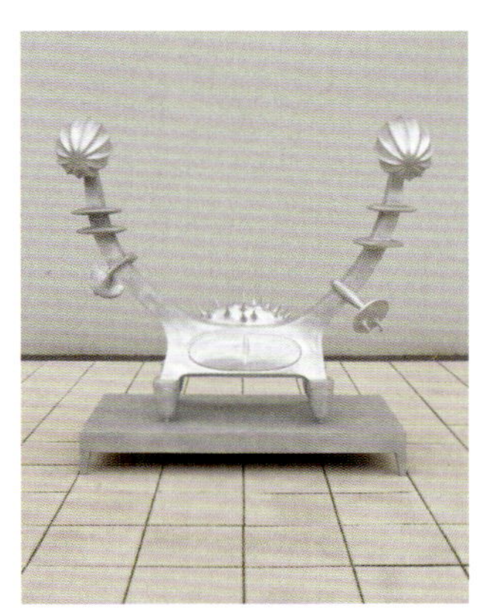

24–27
Ohne Titel / Untitled
2002
Eisen, Holz, Kunststoff / Iron, wood, plastic
490 × 190 × 405 cm
Estate Bruno Gironcoli, Wien / Vienna

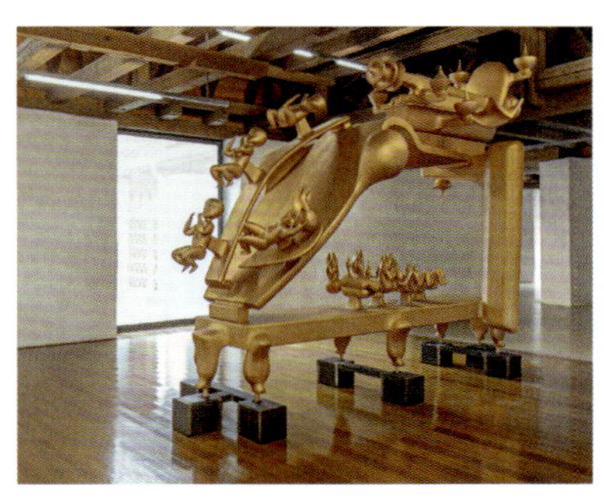

Impressum / Colophon

Dieser Katalog erscheint anlässlich der Ausstellung *Bruno Gironcoli. Prototypen einer neuen Spezies* / This catalogue is published in conjunction with the exhibition *Bruno Gironcoli. Prototypes for a New Species*

Schirn Kunsthalle Frankfurt
14. Februar – 12. Mai 2019
February 14–May 12, 2019

Herausgeberin / Editor
Martina Weinhart

Redaktion / Editing
Martina Weinhart,
Rebecca Herlemann

Leitung Publikationen und Schirn Mag / Head of Publications and Schirn Mag
Antonia Lagemann

Lektorat / Copyediting
Uta Hasekamp (Deutsch / German)
Rebecca van Dyck (Englisch / English)

Übersetzung / Translation
Amy Klement

Gestaltung / Graphic Design
Christoph Steinegger / Interkool

Produktion / Production Management
Distanz Verlag GmbH

Gesamtherstellung / Printing and Binding
optimal media GmbH, Röbel / Müritz

Vertrieb / Distribution
edel Germany GmbH
www.edel.com
international-books@edel.com

ISBN 978-3-95476-275-0
Printed in Germany

Erschienen im / Published by
DISTANZ Verlag
www.distanz.de

Fotonachweis / Photo Credits
Architekturzentrum Wien, Sammlung, Foto / photo: Margherita Spiluttini, S./pp. 44/45; Courtesy Estate Bruno Gironcoli, Wien, S./pp. 33 o.l./TL, o.r./TR, 47 r./R, 49 o.l./TL, 51 l./L; Belvedere, Wien, Foto / photo: Johannes Stoll, S./pp. 22/23; Bibliothek des Belvedere, Wien, S./p. 48 r./R; Otto Breicha / Imagno / picturedesk.com, S./p. 46; Susanne Esche, S./p. 49 r./R; Galerie Hofstätter, Wien, S./p. 47 l./L; Generali Foundation, Fotos / photos: Franz Schachinger, S./p. 39 u.l./BL, Margherita Spiluttini, S./p. 33 u.l./BL; Christine Gironcoli, S./p. 48 o.l./TL; Hans Christian Krass, S./pp. 1, 4–7, 14–21, 24–27, 64; mumok – Museum moderner Kunst Stiftung Ludwig Wien, Leihgabe der Österreichischen Ludwig-Stiftung, S./p. 39 u.r./BR; Palais de Tokyo Paris / Archiv Bruno Gironcoli, Wien, S./p. 51 r./R; Barbara Pflaum / Imagno / picturedesk.com, S./p. 49 u.l./BL; © 2010 Farid Sabha, S./pp. 12/13; Christian Wachter, S./p. 50 r./R; Martina Weinhart, S./pp. 33 u.r./BR, 39 o./T; Wienbibliothek im Rathaus, Plakatsammlung P-12468, Foto / photo: Christian Skrein © VG Bild-Kunst, Bonn 2019, S./p. 48 u.l./BL; Gerald Zugmann, S./p. 50 l./L

Ausstellung / Exhibition
Schirn Kunsthalle Frankfurt

Direktor / Director
Philipp Demandt

Stellvertretende Direktorin / Deputy Director
Inka Drögemüller

Kuratorin / Curator
Martina Weinhart

Kuratorische Assistenz / Curatorial Assistant
Rebecca Herlemann

Ausstellungsleitung / Head of Exhibitions
Esther Schlicht

Organisation / Registrars
Karin Grüning, Elke Walter, Anna Noll

Leitung Hängeteam / Supervision Installation Crew
Andreas Gundermann

Restaurierung / Conservator
Stefanie Gundermann

Technische Leitung / Technical Services
Christian Teltz, Oliver Taschke

Presse / Press
Pamela Rohde, Johanna Pulz, Elisabeth Pallentin

Marketing
Luise Bachmann, Isabel Stamm, Heike Stumpf, Elena Schmidt

Sponsoring
Julia Lange, Miriam Werner

Pädagogik / Education
Chantal Eschenfelder, Simone Boscheinen, Laura Heeg, Irmi Rauber, Olga Shmakova

Veranstaltungen & Besuchermanagement / Events & Visitor Management
Ute Seiffert, Lena Sobczinski

Verwaltung / Administration
Heike Berndt, Claudia Kroh, Tanja Stahl

Assistenz Direktion / Assistant to the Directors
Daniela Becker

Leitung Gebäudereinigung / Supervision Cleaning
Rosaria La Tona

Empfang / Reception
Josef Härig, Vilizara Antalavicheva

VEREIN DER FREUNDE DER SCHIRN KUNSTHALLE E.V. / FRIENDS OF THE SCHIRN KUNSTHALLE E.V.

Vorstand / Executive Board
Christian Strenger
(Vorsitzender / Chairman)
Antje Conzelmann
Philipp Demandt
Hartmuth Jung
Sylvia von Metzler
Shahpar Oschmann
Ulrike von der Recke

Kuratorium / Committee
Rolf-E. Breuer
(Vorsitzender / Chairman)
Uwe Bicker
Clemens Börsig
Ulrike Crespo
Andreas Dombret
Armin von Falkenhayn
Diego Fernández-Reumann
Jürgen Fitschen
Peter Gatzemeier
Joachim Häger
Helmut Häuser
Elisabeth Haindl
Gerhard Hess
Marli Hoppe-Ritter
Gisela von Klot-Heydenfeldt
Jessica Köhler
Salomon Korn
Renate Küchler
Jörg Kukies
Simone Menne
Andreas Muschter
Claudia Oetker
Martin Peltzer
Lutz R. Raettig
Tobias Rehberger
Horst Reinhardt
Michael Riedel
Petra Roth
Florian Schilling
Martin Scholich
Willi Schoppen
Doris Maria Schuster
Nikolaus Schweickart
Wolf Singer
Claudia Steigenberger
Eberhard Weiershäuser
Susanne Zeidler
Matthias Zieschang

Schirn Zeitgenossen / Schirn Contemporaries
Jan Bauer und / and
Lena Wallenhorst
Oliver und / and
Nicole Behrens
Andreas Fendel
Olaf Gerber und / and
Nicole Emmerling de Oliveira
Markus Hammer und / and
Birgit Heller
Hartmuth und / and Lilia Jung
Andreas Lukic und / and
Sunhild Theuerkauf-Lukic
Shahpar Oschmann
Jörg Rockenhäuser und / and
Vasiliki Basia
Reiner Sachs und / and
Brigitta Bailly

Fördernde Firmenmitglieder / Corporate Members
Deutsche Bank AG
Deutsche Beteiligungs AG
Deutsche Börse AG
Europäische Zentralbank
DWS Investments GmbH
Fraport AG
Gemeinnützige Hertie-Stiftung
Landwirtschaftliche Rentenbank
Morgan Stanley Bank AG
Nomura Bank
(Deutschland) GmbH
ODDO BHF AG
UBS Investment Bank
Verianos AG

Geschäftsführung / Management
Tamara Fürstin von Clary

PARTNER / PARTNERS

Corporate Partner der Schirn Kunsthalle Frankfurt / Corporate Partners of the Schirn Kunsthalle Frankfurt
Bloomberg L.P.
Commerz Real AG
HEUSSEN Rechtsanwalts-gesellschaft mbH
Le Méridien Frankfurt
Messe Frankfurt GmbH
Oliver Wyman GmbH
PPI AG
PwC
Wallrich Wolf Asset Management AG

Partner der Schirn Kunsthalle Frankfurt, des Städel Museums und der Liebieghaus Skulpturensammlung / Partners of the Schirn Kunsthalle Frankfurt, the Städel Museum, and the Liebieghaus Skulpturensammlung
Allianz Global Investors
Fraport AG
Samsung Electronics
Stadt Frankfurt am Main

Kulturpartner / Cultural Partner
hr2-kultur

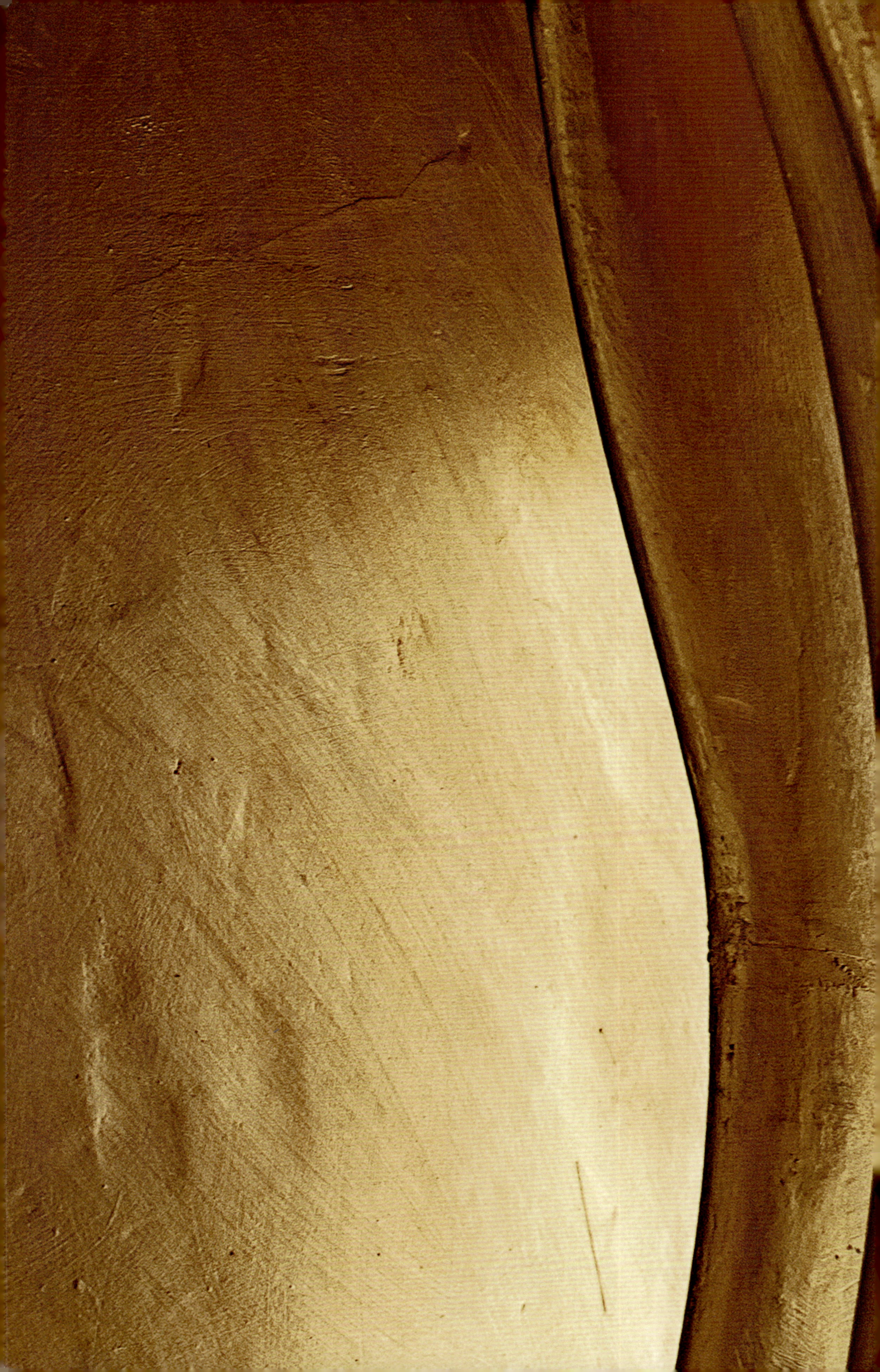